JN256997

フツーの
会社員だった僕が、
青山学院大学を
箱根駅伝優勝に導いた
47の言葉

原 晋 青山学院大学陸上競技部監督

アスコム

プロローグ

ビジネスというグラウンドには「人と組織」を強くするノウハウが埋まっている

2015年の正月まで、私は一部の熱心な駅伝ファン以外、誰も知らない無名の監督でした。 さらに言えば、私の現役時代は箱根駅伝出場、オリンピック出場などという華々しい経歴は皆無。私が何者なのか知る人はほとんどいなかったと思います。それどころか、学生の選手としてはダメ、社会人の選手としてもダメ、引退して仕方なくスタートした会社員の新人としてはダメ、指導者としての経験もない……、と**ダメダメだった私が、なぜ青山学院大学陸上競技部（以下、青学陸上競技部）で成果を出せたのか。** 本編に入る前に、そんな私のことを少しだけお話しさせてください。

私の陸上生活で自慢できる話といえば、高校陸上界の強豪・世羅(せら)高校に駅伝留学していた高校3年生のときに、全国高校駅伝大会で準優勝したことです。陸上生活で誇れるのは、後にも先にもこれだけ。**高校を卒業してからの私は、今の青学陸上競技部の部員からすれば、とても指導者として受け入れたくないほどのダメ選手でした。**

中京大学に進学した私は練習に身が入らず、暇さえあればパチンコ屋に通い、彼女とのデートに精を出す日々。大学3年のとき、このままではいけないと練習に打ち込もうとしましたが、ゆるんでしまった体はなかなか元に戻りません。日本インカレの5000メートルで3位に入るのが精一杯でした。

それでも、1989年に新設された中国電力の陸上競技部に1期生として誘われた私ですが、**ここでも大学同様に中途半端な選手で終わります。**入社1年目に右足首を捻挫したのですが、きちんと治療しなかったことで100%の状態で走れないまま陸上部員としての日々を過ごしたのです。そして**入社5年目、私の陸上選手としての姿勢を全否定され、現役生活にピリオドを打つ**ことになります。自業自得ですから仕方がありません。

陸上選手を引退した私は、中国電力のとある営業所に配属されました。広島支店からの転属ですから、左遷です。仕事は電気料金の計算、電気メーターの検針、顧客からの集金。入社6年目、27歳で初めて電力マンとしての基礎を学び始めたのです。当然、仕事に慣れていない私は、一緒に机を並べた18歳の高卒新入社員の横で失敗続きの日々。**陸上競技部の1期生として華々しく入社しただけに、その姿は哀れに映っていたかもしれません。**

その営業所に異動して3年、会社からの評価は変わらぬまま、今度は営業所の下部組織にある、とあるサービスセンターへの異動を命じられました。ついに、私は組織の末端にまで落とされてしまったのです。

人生とは不思議なもので、どん底まで落ちると光が見えてくるものです。配属先のサービスセンターの直属の上司からこう言われました。

「店や学校、工場に行って、業務用の夏季契約を取ってくる提案営業をやってみんか」

この提案営業への取り組みが、私の転機になります。私にはコネもなければ、紹介者もいなかったので、最初はすべて飛び込みです。プランの内容を1から説明するのに慣れていないこともあってお客様のところでジタバタすることもありましたが、新しい商品を売り込むというやりがいを感じる仕事でした。そうしているうちに3本、4本、5本と契約件数が増え、気づけば、サービスセンターの上部組織である営業所を含めても、**トップクラスの成績になっていました。**

そして営業の仕事が楽しくなってきた私は、新しい商品の営業要員の社内公募に手を挙げます。商品は、割安な夜間電力を使って、夏は氷、冬は温水をつくり、昼の空調に利用するシステム「エコアイス」です。なんとか面接試験に合格した私は、山口県徳山市（現・周南市）の営業所に配属されました。そして2年目には本店営業部主催の成果事例発表会で表彰されるほどの成績を残します。**陸上競技で会社に貢献できなかった私が、ようやく本店に認められたのです。**それから程なくして、私はハウスプラス中国住宅保証という新会社の立ち上げを命じられました。2年後にはハウスプラスの新事業は軌道に乗り、中国地方で単独トップの営業利益を上げる会社になっていました。5人で立ち上げた会社は、今では100人を超える規模となりました。

私にそれまで**縁のなかった青学陸上競技部の監督就任の話が舞い込んだのはその頃です。**現役を引退して10年。私は陸上競技や駅伝に対する未練は断ち切ったと思っていましたが、青学陸上競技部の話を聞くうちに「青学に行きたい」「監督として箱根駅伝に出場したい」という気持ちが強くなってきたのです。しかも、**そのときの私は、指導経験がないにもかかわらず、なぜか自信がありました。**

それはきっと、営業マンとしての実績を積み重ねる過程で、チームをつくり上げるにはなにが必要なのか、なにから手をつけていけばいいのか、人を育てるとはどういうことなのかなど、たくさんのことを学んだからです。そして、それをスポーツの現場に持ち込めば成功するのではないかと思っていたのです。

このように、**今日の青学陸上競技部は、世の中にあるビジネスノウハウを活用して築き上げられました。**そして、これらのノウハウはすべて、私が営業マン時代に学んだことです。ですから、ビジネスの最前線で働く方々にとっては、すでにご存じの話があるかもしれません。

それまで指導経験すらなく、ダメダメだった私だからこそ、今までの常識にとらわれず、ビジネスの手法を陸上に応用して、「根性だ」「気合だ」「上の言うことは黙って従い、笑わず、しゃべらず、修行僧のようにただ黙々と走る」という陸上界の常識を打ち破ることができたのだと思います。

ビジネスというグラウンドには、「人と組織」を強くするノウハウがたくさん埋まっていたのです。本書では、ビジネスで培われ、青学陸上競技部で醸成された「ノウハウ」を、私が今日まで発してきた47の言葉でわかりやすくお伝えすることに努めました。

皆さまのビジネスの現場で一つでもお役に立てられれば、これほどうれしいことはありません。

青山学院大学陸上競技部監督　原（はら）　晋（すすむ）

フツ——の会社員だった僕が、
青山学院大学を箱根駅伝優勝に導いた47の言葉

もくじ

第1章 チームで結果を出し続ける

第2章 伸びる人材を見極める

第3章 潜在能力を引き出す

第4章 人間力を育む

第5章 周囲を巻き込んで力に変える

第1章

チームで結果を出し続ける

1

「業界の常識」を疑え！

時代遅れの陸上界の指導法

スポーツ界、芸能界、ファッション業界、自動車業界、金融業界……、世の中には業界、業種ごとに独自の文化、慣習があります。そこには、それぞれ業界の中だけで通用する常識があります。ただ、**その常識は、ときには世間一般と比較すると非常識と思えるものもあり、時代遅れの場合もあります。**

子どもの頃から、私は野球をずっとやってきたからか、サッカー人気が熱を帯び始めたときに抱いた違和感がありました。

通常、スポーツ界で先輩といえば、後輩にとって絶対的な存在です。しかし、サッカー日本代表のインタビューなどを見ていると、先輩を「君」付けで呼んだり、ニックネームで呼び捨てにする選手もいました。これは先輩に対して敬意を抱いていないからではありません。瞬間的な判断力が求められるサッカーの試合中に、いちいち先輩に敬意を表している時間はないということです。

理由を聞けば理解できますが、私がいた陸上界ではあり得ないことでした。そういう違いを目の当たりにする度に、時代が変化していることを実感していました。ところが、中国電力で現役を引退して10年間離れていた陸上界に戻ったときに感じたのは、まったくその逆のことでした。私の現役時代とぜんぜん変わらない指導方法が、未だに主流だったからです。

「時代遅れ」は「手遅れ」になる

そもそも世の中にあるルールは、時代の変化と共に見直す必要があります。時代が変化するにつれ、人間自体の思考、行動にも変化が表れるからです。

しかし、自分で築き上げた世界を持っている人は、その変化を受け入れる柔軟性を失っていることがあります。**周囲が変わっても、自分は変わらぬまま。私はそれを「退化」と言います。**ただ、陸上界のような世界に長い間いると、時代が変化していることに気づかない場合があります。気づこうとしない、と言ったほうがいいかもしれません。仮に、新しい方法論に触れる機会があっても、「ああいうものはダメだ」

と否定して拒絶してしまう。

そういう人は、自分たちの常識は普遍的なものと思っているところがあります。築いてきたルールは絶対的に正しいと信じています。しかし、そんな小さな世界だけですべてが成り立つことはほとんどないのですから、世の中の大きな流れを直視しないと、時代遅れどころか手遅れになってしまいます。**新しい発見やアイデアは、内から生まれるより、外と交わることで生まれてくるものです。**そのほうが、業界内の常識をダイナミックに転換することができるはずです。

だからこそ私は、青学陸上競技部の監督に就任してから、営業マン時代に学んだビジネスノウハウを積極的に取り入れてきました。30年近く世間の常識から遅れてしまった陸上界を一気に変革するのは難しいですが、これからもどんどんアイデアを提案して、陸上界に刺激を与えていこうと考えています。それも青学陸上競技部の役目だと思っています。

誰がやっても強い組織をつくりなさい

組織は自分一人でつくるものではない

私の次に誰が監督になっても、強い組織にしたい。私は就任当初からそのための仕組みづくりを意識してきました。私がいるから強い、私がいなくなったら弱い、そういう組織にだけはしたくなかったからです。世の中には、経営者が変わってもそれまでと変わらなく成長を続ける企業はいくらでもあります。青学陸上競技部は部員数50名弱の小さな所帯ですが、**長期的に繁栄を続ける企業のように、トップが変わってもぐらつかない組織を目指してきました。**

ようやく、その土台づくりが完成に近づきつつあります。おかげで、私は今、青学陸上競技部の中で少しずつ存在感を消しています。もちろん、そうすることで組織に綻(ほころ)びが出てきたらもう一度存在感を増す必要がありますが、私がいなくても、箱根駅伝という大きな目標に向かって部員が真っすぐに努力する組織にはなったと思います。

土台づくりで私が心がけてきたことは、「任せられるようになったら権限を委譲す

る」ことです。役割を分担し責任感を持たせることで、その役割を与えられた人は成長します。個々の成長は、当然ながら組織の成長につながります。監督が変わった途端に弱くなってしまうチームは、おそらくそれができなかったのか、意図的にしなかったのか、のどちらかだと思います。

そういう意味では、私の性格が横着だったのは幸いしました。

私はなにかを始めるときに、いつも誰かと一緒に取り組みます。高校時代に全国高校駅伝で準優勝したときには盟友といえる寮長の存在がありました。中国電力で営業マンをしていた頃も、成績を上げられたのは同じ会社の上司や同期が一緒になって動いてくれたおかげです。そもそも組織としてやるべきことは、到底一人でできるものではありません。**誰かに任せたほうが組織は確実に強化できるはずです。**

土台のないチームは、勢いで勝つことはあっても連覇はない

突然、スーパーエースが出現して勝つ。スポーツではそういうチームが出てくるこ

とがあります。観ている側には魅力的に映るかもしれませんが、それだけでは大きな大会を連覇したり、常に上位を争うチームとして定着することはできません。そうしたチームにするには、計画的にチームとしての力をつけていく必要があります。現在の箱根駅伝常連校でいえば、駒澤大学や東洋大学のようなチームです。

私は、**スーパーエースの出現を待望するのではなく、時間をかけてチーム力を底上げして優勝を狙うほうを選びました。**土台さえしっかりつくることができれば、長期的に上位争いできるチームになるし、仮に私が監督をやめても弱くならないからです。つまり、10年前の組織力では、もし、2015年の優勝メンバーが揃っていても、青学陸上競技部の箱根駅伝優勝は難しかったでしょう。

常勝軍団をつくり上げるには、それなりの年月がかかります。監督に就任して陸上競技の核になる規則正しい生活を根付かせるのにさえ、3~5年かかりました。「勝てる組織」をつくるのには時間がかかるということです。この「勝てる組織」ができれば、常勝軍団へと導くことができるのです。

土壌が腐っていたら、いくらいい種でも芽が出ない

良質の土壌をつくるには時間がかかる

もし、私が就任したばかりの頃の青学陸上競技部に、2015年箱根駅伝の優勝メンバーが揃って入部していたとしても、結果を出せなかっただろう、と話しました。それはなぜか。素材としての力は、その頃のメンバーより上なのは確かなのですが、それでも箱根駅伝に出場するのがやっとだったかもしれません。なぜなら、その頃の青学陸上競技部には第3章、第4章でお話しするような**「育成システム」がなにひとつ出来上がっていなかったからです。**

「規則正しい生活をする習慣」もなければ、「目標を管理して計画的に走力を伸ばしていく手法」もありませんでした。さらに、「コンディションを整える」ことも、「大会に合わせて状態をピークに持っていく方法」も確立していませんでした。**要するにどんなに素材が良くても、その潜在能力を引き出し、伸ばしてあげる環境がなかったのです。**仮にも箱根駅伝の優勝メンバーですから、10年前だとしても素質だけである程度の結果は残せたでしょうが、強豪大学と競って上位争いすることはできなかったと思います。

耕していない土壌に、いくらいい種を撒いても芽は出てこないのです。ましてや腐った土壌だと、芽が出るどころか地中で腐ってしまうこともあります。私は、いい種が芽を出し、ちゃんと育っていくような土壌をつくるまでに10年近く費やしました。花が咲いたのは11年目のことです。

人はすぐに結果を求めたがります。大学駅伝なら箱根駅伝出場、シード権獲得、優勝などの目に見える結果です。私も結果を求めすぎて3年目に失敗しました。**土壌を耕すには、どうしても時間がかかるものなのです。**

土壌づくりも評価されるべき

土壌を耕すには時間がかかりますが、指導者が焦る以上に、その指導者を評価する立場の人にも焦りが出てきます。指導者がすぐに結果を求めるのは、そんな背景もあると思います。スピードが大切な時代ではありますが、耕す時間も与えずに結果だけを求められるのはどうでしょうか？　土壌をつくることも評価すべきです。

ビジネスの世界では、私たち以上に結果が求められると思います。新入社員をじっくり育てる余裕も育成システムもなく、いきなり現場に投入し、結果が出なければ「できない社員」の烙印を押す。上司は、ミスを減らし、結果を出そうと自分で仕事を抱える。どう考えても組織にとっていいとは思えません。そのような組織はどんどん土壌が枯れていき、やがて芽が出ない畑になってしまいます。

「よりよい組織づくりが、よりよい人材を育てる」

質のいい花をたくさん咲かせたいなら、まず目を向けるべきは土壌を耕すことです。

もちろん、耕し始めた頃はいい種を揃えることは難しいものです。私も監督就任当初はスカウティングに行く度に、「青学は箱根に出ていないですよね？」という決まり文句で断られてばかりでした。だからこそ、優秀な人材が入ってきたときにそなえて、その子の能力を最大限に伸ばすための環境づくりに取り組んだのです。

そうして、ようやく勝てる組織ができてきたときに手にしたのが、２０１５年の箱根駅伝優勝だったというわけです。

「目標管理ミーティング」で成長を促せ

ビジネスの現場から持ち込んだ目標達成のノウハウ

私がビジネスの現場から陸上界に持ち込んだノウハウの一つが、「目標設定と管理」です。利益を追求する企業では当たり前のノウハウです。会社全体の目標があって、部署の目標があって、個々の目標がある。ビジネスマンにとって目新しいことではないでしょうが、陸上界にはなかったことでした。

もちろん、どこのチームにも目標はあります。しかし、目標があるのは監督の頭の中だけ。選手それぞれの目標に対する意識が希薄なのです。つまり、選手はなにも考えずに上の言うことを聞いているだけなのです。そんなチームの場合、例えば選手がグラウンドに行くまで、今日どんな練習をするのかわかりません。これでは、選手が練習の目的を理解できないうえに、練習のための準備もできません。それなりの量を走れば、スピードも持久力もつきますが、目標に対する意識が低いのですから、どれだけ効果があるか疑わしいところです。練習を終えて満足するのは、指示通りに練習する選手を見ていた監督だけかもしれません。

部員全員が個々に目標を設定するのが前提になりますが、目標に対する意識を高めるのが、目標管理ミーティングです。組織が成熟した今の青学陸上競技部では、部員同士が自発的に行うほどになっています。

そんな目標管理ミーティングは、まずランダムに5、6人のグループをつくります。ランダムにとは、学年、レギュラー、控え選手、故障者といった区別なく集まるということです。そのうえで**それぞれが設定した目標の達成のための練習計画について話し合い、より達成可能な計画に仕上げていきます。**

ランダムなグループが、上下の関係なく刺激を与える

ランダムなグループというのが、目標管理ミーティングの肝心なところです。それぞれの置かれた立場や状態が違う部員が集まることで、まず目標を客観的に見直すことができます。

そして重要なのは、大きな目標に向けてチームに一体感が生まれることです。これが主力メンバーだけ、故障者だけというグループにすると、チームが分断されてしまいます。上も下も関係なく、それぞれの思いを理解することでチームは滑らかに機能するのです。例えば故障を経験した人は、故障を抱えた人に的確なアドバイスを送ることができるでしょう。故障者はどうしても焦ってしまうものですが、まだ早いと経験者に言われれば安心感も覚えるし、無理をせずに回復に努められるからです。

また、学年が違う部員が揃うことで、1年生であれば目標管理ミーティングがどういうものなのかを理解するいい機会になります。一方で、上級生は人を指導するリーダーとしての立場を経験する機会になります。

こうして**仕上げた目標管理シート（116ページ参照）は、さらに寮の廊下に貼り出しています。自分の目標を表示することで、達成へのモチベーションを高めるためです。**企業にも同じように営業成績のいい先輩社員が新入社員の面倒を見ながら、指導者として、営業マンとして互いに成長させる仕組みがあります。それを部に導入したのが目標管理ミーティングなのです。

コーチングの前に、ティーチングあり

未熟な組織に自主性を与えても成長はない

最近「コーチング」という言葉をよく耳にするようになりました。組織で人材を育成するための手法ですが、人材の自主性を重んじるのが特徴です。

しかし、この手法は成熟した組織だからこそ使える指導法だと私は思っています。強い組織をつくる初期段階でコーチングを使っても効果はないでしょう。なぜなら、未熟な組織では、どのように行動すれば目標に到達できるかわからないからです。

強い組織をつくるには、コーチングの前に「ティーチング」です。

目標を実現するためにはなにが必要で、自分たちはなにをすべきなのか、具体的に教える段階が必要です。やり方を知らない人たちに自主性を与えても、どうしたらいいのかわからないうえに、間違った方向へ行く可能性があります。ピアノを弾けない人に「あなたの考えた表現でこの曲を弾きなさい」と言うようなものです。

監督に就任したばかりの頃の私は、部員に対してまさに手取り足取りでした。どうやって目標を設定するのか、目標管理シートはどう書くのか、黒板を利用したり、ときには横に座って一つずつ教えていきました。

今では部員が自発的に行っている目標管理ミーティングも、当時はそれぞれのグループに入り込んでは、「それは考え方が違う」「この課題に対する解決方法はこうだ」と一つひとつ説明していました。部員が自身の目標を発表するときも、一人ひとりにコメントして修正させるのが日常茶飯事だったのを覚えています。就任して3年目ぐらいまでの私は、陸上部の監督としてグラウンドで指導しながら、寮に戻れば企業に出向くコンサルタントのような存在でもあったわけです。

組織の進化には、４つのステージがある

ティーチングの段階が、強い組織の土台をつくる最初のステージです。

私と部員、私と部員全員という中央集権型の組織といえるでしょう。青学ではこの期間が監督就任から3年目まで続きました。

なにもなかったところに知識を与えるわけですから、それだけで組織は成長します。初歩レベルなので、部員の意識が高ければ成長するスピードは速くなるでしょう。しかし、このやり方には限界があります。指導者が1から10まで指示を与えるので部員が個性をなくしたり、考えない人間になる可能性があるからです。ただ、指導者にとっては自分が王様のような存在になれるので、この形を継続する方もいます。

しかし、それではいつまでも部員に自主性が生まれません。自主性がないと組織が活性化することはないので、その監督がいなくなればチームは崩壊します。

私は就任当初からの指導を振り返って、組織の進化には4つのステージがあることに気づきました。ステージ1が就任3年目まで私がやってきた、部員に知識や技術を細かく教えていく段階です。次が、ステージ2。スタッフを養成して少しずつ権限を与えます。さらに選手の自主性を重んじるステージ3に進みます。こうしてステージをアップさせると同時に、徐々に部員に責任を与えていく。そして最終的なステージ4に入った段階で、よくいわれるコーチングという指導法が大きな効果を発揮するようになります。

チームをつくる4つのステージ

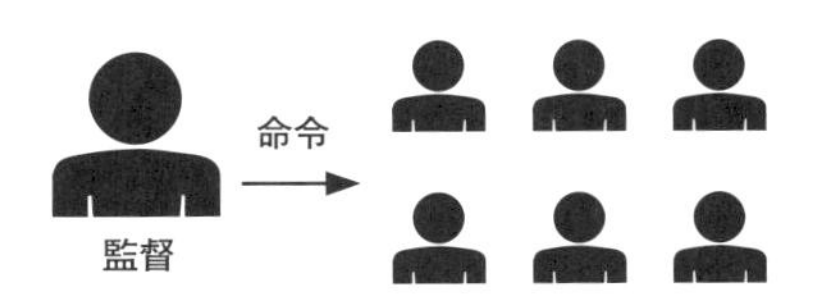

ステージ1 命令型

監督の命令で全員が動くチーム。規則や方向性を徹底させ、チームや組織の土台をつくるには適していますが、部員が監督の指示どおりにしか動かないので、自ら考えないようになってしまいます。

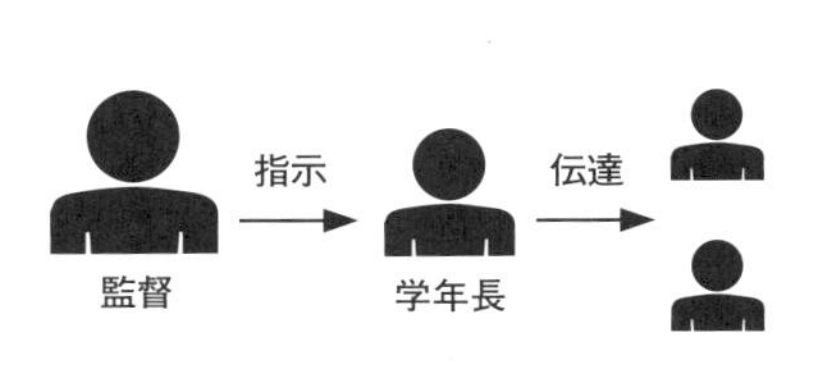

ステージ2 指示型

監督が学年長（代表者）に指示を出し、学年長が部員に伝えて動くチーム。権限を与えられた学年長は自覚が生まれ成長しますが、ほかの部員はまだ自ら積極的に考えようとしていません。

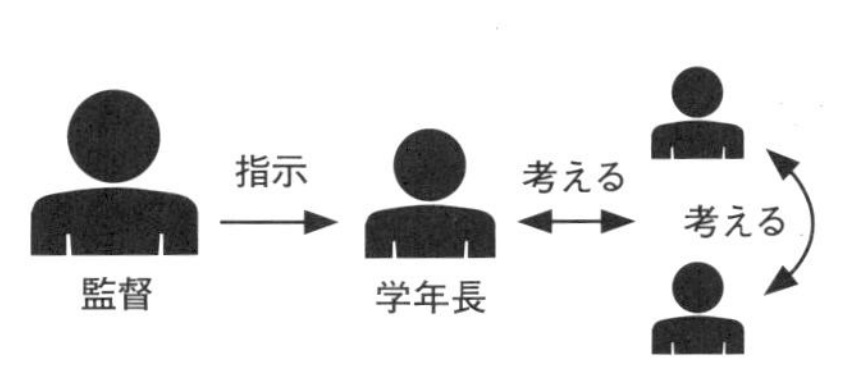

ステージ3 投げかけ型

監督が方向性だけを学年長（代表者）に伝え、学年長と部員が一緒に考えながら動くチーム。ステージ1、2を飛ばして、いきなりステージ3から組織づくりをしてしまうと、部員が自主性と自由をはき違えたチームになるため、注意が必要です。

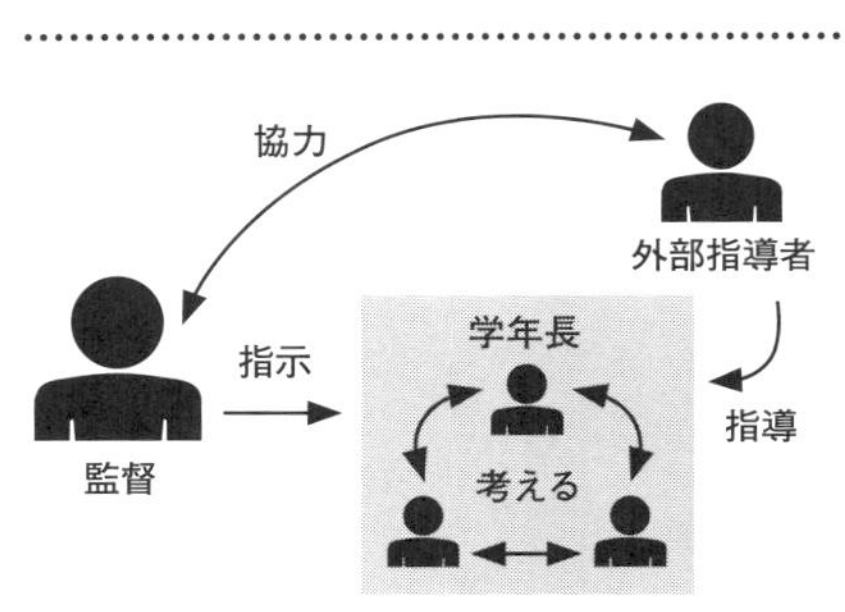

ステージ4 サポーター型

チームづくりの最終段階は、監督が外部指導者を巻き込みながら、部員に対してサポーター役になります。部員の自主性とチームの自立を求めていくことになります。

6

「いちばんつらいときに明るくなれる人」がリーダーである

キャプテンは、部員がこの人と一緒に戦いたいと思える人

組織を強くしていくときに不可欠なのが、リーダーの存在です。スポーツの世界ならキャプテンという役割です。監督と部員の間にはどうしても距離があります。逆に距離がなければチームはうまく回りません。その間に立って監督の目指す方向へチームをうまくまとめていく。強いチームには、必ず素晴らしいキャプテンがいるものです。

青学陸上競技部では、各学年を束ねる学年長を半年に一度選びますが、そこで選ばれた部員にはキャプテンの適性があると私は考えています。ただ、1学年と陸上部全体ではのしかかる重圧に大きな違いがあるので、学年長はあくまでも将来のキャプテン候補という考えで見ています。

私がキャプテンに求めるのは、チームの空気を変えられるかどうか。チーム全体が一番つらいときに、明るく前向きな空気をつくれるかどうかが、キャプテンの大きな

役割と考えています。例えば、長期間にわたって選手の走力を強化していく夏の合宿では、故障を抱えたり、タイムが伸び悩んだり、なにより疲労の蓄積で次第にチーム全体のテンションが落ちていきます。

そういうときに、テンションが落ちた選手を奮い立たせるような言葉を言うのか、一緒になって弱音を吐くのか。キャプテンが口にする言葉次第で、チーム全体の空気は大きく変わります。

もちろん、キャプテンにはいろいろなタイプがいます。高校野球でいえば、エースで4番もいれば、ベンチに座る控えの選手がキャプテンを務めることもあります。まったくタイプは異なりますが、どちらがいいということではないと思います。陸上競技でもタイムの速い選手が必ずキャプテンになるとは限りません。**最後は、やはり人間性。**学生スポーツの場合、全員が同じメンバーで戦うのは1年間しかありません。**その1年を、その人と一緒に戦いたいと思うかどうかがすべてでしょう。**

また、**キャプテンに必要な資質は、「できる理屈」を考えられるかどうか**です。強い組織をつくる過程では、急な練習変更、グラウンドの変更など、ときには理不尽だと思えることが起こります。そういうときに前向きな視点で、部員にメッセージを伝えられるかどうかもキャプテンの大事な資質です。

監督就任当初はその役割まで監督である私が担っていましたが、部員間で問題を解決していくスタイルが浸透した今では、その機会は少なくなっています。部員が意見をぶつけるのは、基本的にキャプテンに対してです。「なぜ、急に方針が変わったんですか？」と問いかけてきたり、課題に対してどう解決すればいいのかと相談する部員もいます。キャプテンはそれぞれの意見を受け入れ、監督の考えていることを前向きな形で伝えていく能力が必要です。

キャプテンは、そのときどきで部員の立場になったり、監督・スタッフの立場になったりと立ち位置が変わります。そこで、八方美人ではなくチームが前に進むためのメッセージを発信できるかも、またキャプテンに求められることです。

キャプテンに求められることは多いのですが、大切なのは、**物事を前向きにとらえて、それを周りの人に伝える言葉を持っているか、ということにつきる**のです。

エースを育てよ、
エースに頼るな

組織が成熟すると「一体感」と「緊張感」の割合が変わる

チームには一体感が必要だといわれます。たしかに、一体感のないチームはまとまりがなく、決して強いチームとはいえないと思います。ただ、そのチームに集う人材によっては、一体感と同時に緊張感も必要です。例えば、私が監督に就任したばかりの青学陸上競技部であれば、迷わず一体感を前面に押し出したチームづくりをすべきです。全員で切磋琢磨して、下から底上げしていく。しかし、箱根駅伝優勝を果たした今の部員に対しては一体感の割合を減らして、緊張感を持たせます。一体感を前面に出した仲良しグループを形成すると、伸びるはずだった才能が潰される可能性があるからです。

もし、優秀な人材ばかりが揃ったチームを任せると言われたら、私は選手同士がライバル意識を持つことを推奨するでしょう。なぜなら、**優秀な人材は自分の力を伸ばすことを大切にしますが、チーム内の役割もしっかり果たす自立した人間**だからです。

「俺が、俺が」とチームであることを忘れてしまう人材は優秀とはいえません。自立した人間同士が適度な緊張感を維持しながら、チームとしての力も高めていく。それこそが成熟した組織というものです。

エースが他の選手の力を引き出す。それが強いチームである

優秀な人材が揃うと、当然ですが練習の質が上がります。その状態が続けば、各自が能力を発揮する流れが出来上がっていきます。ただ、それぞれが違うタイミングで伸びを見せるので、チームの和が乱れていると映ることがあるかもしれません。だからといって、一体感を前面に出すチームのように一律管理をしてしまうと、選手の力がそれ以上伸びなくなります。**優秀な人材が揃うチームでは、**「あいつがここまでやるなら、俺も負けない」という思いがあちこちで湧き上がるので、**指導者は自主性を重んじるほうがいい結果につながります。**

そういうレベルのチームの監督は、選手の挫折や嫉妬、諦めの気持ちを察知し、そ

こから逃げずに立ち向かう環境を整えるのが仕事になります。チームが成熟期に近づくほどに、監督は先頭ではなく、全体を俯瞰して見る立場になるのです。

　そのようなレベルの組織から自然と出てくるのが、本当に強いエース。例えば、優勝した箱根駅伝の５区で驚異の記録を出した神野大地（かみのだいち）。箱根の山登りは注目区間なので、そこで活躍した神野はヒーローになりました。しかし、箱根駅伝は往路で終わりではありません。復路のメンバーは、その流れで総合優勝して神野の頑張りが貢献しただけだと思われたくないと考えたようです。そんな彼らが復路で攻めのレースを展開した結果、圧倒的な1位を獲得しました。

「エースを育てよ、エースに頼るな」と、私は常々自分に言い聞かせています。

　今日の駅伝では、エースと呼ばれる選手がいなければ勝負になりません。ただ、エースに頼るようなチームづくりでは、その選手が故障した瞬間にチーム力はガタ落ちします。エースに頼り過ぎて、他の選手が伸びていなかったということです。チーム全体を結果で引っ張る**エース的な存在は必要ですが、その選手の活躍が他の選手の力をさらに引き出すというのが、成熟したチームの理想の姿**だと思います。

8

迷ったら「基本」に立ち返れ

失敗したときこそ、基本に立ち返る

長期的な構想に基づいてチームを育成しようとしていても、人はすぐに結果を求めるものです。特に、組織の土壌づくりがうまくいっていても、目に見える成果がないと焦りを覚えます。

私がその焦りを覚えたのは、契約最終年だった監督就任3年目の頃です。そのときは、3年かけてつくってきたチームの基盤が崩壊寸前まで追い込まれました。その3年目が結果を出せずに終わり、新たな契約を結ぶときに私がやったことは、監督就任前にやったのと同様に大学執行部に対するプレゼンでした。

失敗が許されないその場で私が強調したのは、陸上競技部としての成果ではなく、人間教育の成果でした。ほとんどの部員が規則正しい寮生活を送り、陸上選手という以前に、どこに出しても恥ずかしくない人間に育っている。その一環として2年目から始めた地域清掃の話を始めると、執行部の方々は不思議な表情を浮かべていました。

しかし、私はそのプレゼンを通して、就任した当初の基本的な考えに立ち返ることができたと思っています。やはり、スカウトする選手の第一条件は人間性。どんなに長距離を走る抜群の素質があっても、心根が悪い選手はチームをダメにする。**勝利だけを追い求めるよりも人間形成を第一に行うほうが、結果として勝利への近道になる。**就任当初から考えていたチームづくりの基本です。

人間、追い込まれたら基本に立ち返ってみることが最善の策です。私はずっと持ち続けていた信念を必死に訴えたことで、青学陸上競技部をもう1年だけ指導するチャンスが得られました。

土台が弱いチームは、自主性と自由をはき違えてしまう

チームづくりでも、基本に立ち返ることが必要な場合があります。先に、強いチームをつくる4つのステージのことをお話ししました。まず、強くなるための核となることを徹底的に教え込んでいくステージ1。この段階では、監督が1から10まで部員

に指示していきます。次にスタッフを養成して多少の権限を与えるステージ2。ここでも基本的に、なにをすべきかの指示を出すのは監督です。

しかし、このステージ1と2は、今の若者が成長する環境には適していません。だからといって、強くなるための核となる、陸上競技でいえば規則正しい生活や目標管理の意義を部員が理解する前に、自主性を重んじるステージに移行すると、自主性と自由をはき違えた同好会のようなチームになってしまいます。ステージ3に移行してうまくいかなければ、またステージを前に戻す勇気も監督には必要です。

チームが困ったときは基本に立ち返る。その意識を常に持ち続け、最後の歯止めのような存在になるのが監督であり、企業でいえば経営者だと思います。なぜ、このチームが存在しているのか。このチームに所属する部員がなにを目指すべきなのか。**貫いてきた信念を伝え続けることが、チームをさらに強くしていく基本だ**と私は思っています。

「情報遮断で忍耐させる」のは、もはや通用しない

9

一方的な指導は選手の個性を潰す

選手の自主性を重んじる、私のチームづくりでいうとステージ3以降のチームを、私は陸上界でほとんど見たことがありません。多くが、ステージ1もしくは2で止まっています。そのほうが、監督としては指導しやすいのだと思います。

監督の指示どおりに選手が動くチームをつくる。これはこれで素晴らしい考え方だし、強いチームがつくれると思います。監督が戦略から練習方法、体づくり、栄養面にいたるチームにとって必要な分野すべてに精通しているなら、それも可能でしょう。

ただ、はっきり言えることは、**「そのチームは監督の器以上のチームにはならない」**ということです。私は選手の体幹を強くするために、動的ストレッチやコアトレーニングを取り入れていますが、そのために専門家を外部スタッフとして招へいしています。

すべてを管理しないと気がすまないタイプの監督は、そういう外部から新しい知識を取り入れることも嫌がります。自分が構築してきた理論を壊されると思っているのでしょうか。おそらく、自分がこれまで言ってきたことを、外部の人間に否定されては困るということだと思います。そういう監督は、自分だけでなく、選手に対しても外部との接触を嫌がります。「他校の選手と話すな」「インターネット、携帯電話の禁止」など、情報を遮断して自分の思いどおりに指導しようとします。悪い言葉を使うと、洗脳です。これでは、**あらゆる情報が簡単に手に入る今の選手たちの潜在能力を、伸ばしてあげることはできないと思います。**

ひと昔前の会社には、そういうタイプの中間管理職の人がときどきいました。上の情報を下に伝えず、下の情報を上に上げない。自分に都合のいい情報だけをそれぞれに伝えて、情報をコントロールすることで自らの存在を保つ、というタイプです。

しかし、今の世の中には情報が氾濫しています。どんなに情報を遮断しようとしても無理な話です。例えばサッカーの指導者が、自分が選手時代に成果を挙げてきた昭和の指導法で選手を育成していたとします。指導者は、素直に自分の理論を受け入れているように思うでしょうが、選手たちは、「また古臭いことを言っているな」と思いながら従っているだけなのです。インターネットなどを使って本場ヨーロッパで行われている、最先端の試合から新たな技術や戦術を入手できるのですから、それを踏まえた理論でなければ、選手たちが真剣に聞くわけがありません。選手たちが素直に従うのは、監督にそのことを言えないからです。

指導者に対しても、自分の意見を言える組織。それがステージ3以降のチームです。そのステージに移行するには、指導する側が従来の指導法から切り替えられるかどうかがポイントになります。監督が一方的に指導するほうが、チームをまとめやすいのはわかります。監督としても、仕事をしている気分になれます。しかし監督が考えなければならないことは、チームをもっと強くするにはどうしたらいいか、選手の能力をもっと高めるにはどうしたらいいか。そうすると、次の段階は**選手が自分で考える力を養い、そこから出てくる意見や外部の声に耳を傾け、それをチーム強化につなげるステージになる**はずです。そうして指導者以上の能力を持った人材が現れたとき、チームはもう1段階高いレベルのチームになっていくことになります。

「相談してくる人」に育てよ

10

相談することは「考える癖をつける」いい訓練になる

チームを、**自主性を重んじるステージに移行するには、自分で考えられる選手に育てる必要があります。**自分の考えを持ち、それを表現できるようになって、初めて能力の発揮や組織力の強化につながります。そのためには、まず選手たちに**考える癖をつけさせる**ことです。**そのいい訓練になるのが、相談することです。**

そもそも、自分で考えることが習慣になっていない人は、「相談する」とはどういうものかがわかっていません。

選手が相談してくるときの最も悪いパターンは、「足が痛いです」。私の答えは、「それで?」。続けて、「どこがいつから痛いの?」「治るまで1週間? 10日? 1カ月?」と質問を投げます。さらには、「治るまで1カ月かかる場合はいつまでに治すように努力をするの?」と問いかけます。そして、「その間にできるトレーニングとしてA・B・Cがあるけど、どの方法でやってみたい?」と続けます。

相談とは、私の質問の内容を想定し、自分なりに答えを出したうえで、「今回はトレーニングAでいきたいのですが、監督どうでしょうか？」と言うのが本当の相談だと教えています。会社でもそうだと思います。上司に相談したとき、**「それがいいね。それでいこう」と言ってもらえるように持っていくのが「よい相談」の仕方です。**

「足が痛い」は相談ではなく報告。現状を言っているだけです。その場で上司や監督から問題の解決策を導き出そうとするのが相談です。**故障を抱えているなら、症状や治療期間、その間のトレーニング方法、さらに故障が明けてからの練習計画までをイメージする。それが、自分で考えるということなのです。**

相談できる空気をつくるのも指導者の務めである

スタッフであるマネージャーの場合も、監督の指示を仰ぐことを相談だと思いがちです。例えば、合宿での練習時間について「今日のスタート時間はどうしますか？」と聞きに来ます。これは相談ではなく、指示を待っているだけです。

練習時間を決める要素はたくさんあります。天候、気温、風、グラウンドコンディション、練習場にほかのチームはいるのか、食事の時間、……。それを事前に調べたうえで、自分なりに理想のスタート時間を想定してから監督に相談する。これが、やはり自分で考えるということです。

通常なら「午後4時から、ここのグラウンドでこういうトレーニングをするから」と指示して終わり。マネージャーが自分で考えて「今日は気温が37度あるので、いつもより時間を遅めにして午後4時半からスタートするのはどうでしょう?」と進言すると、「なにを生意気なこと言っているんだ」と怒る監督もいます。しかし、それではマネージャーはただの御用聞きになってしまい、考えることをしなくなります。私は提案に納得できれば「それでいいんじゃない」と答えます。

これは、マネージャーにとって自分の考えが反映されたという一つの成功体験になります。そうなると、次はさらに詳しく状況を調べて、よりよい練習環境を整えようと準備をするようになります。このような**相談ができる空気をつくるのも監督の仕事**なのです。

答えを出すな、出るまで待て

考える集団をつくるには、待つことである

部員一人ひとりに考える習慣をつけさせようと、監督就任当初から意識してきました。それはチーム力をアップさせるために、核となる規則正しい生活を浸透させることと同じくらい、重視してきたことでもあります。

私が考える**理想のチームは、私が指示を出さなくても部員それぞれがやるべきことを考え、実行できる組織**です。指示待ち集団ではなく、考える集団。そうなることが長期的に強さを継続できるチームになるという信念がありました。そこで**私は、できるだけ答えを出さずに彼らが考えるのを待つ**ことにしました。もちろん、初期の段階では私が彼らに教えることはたくさんあります。知識が乏しいのですから、教えるしかなく、私が話していることが多かったと思います。

考える集団をつくるのは根気のいる仕事です。新しい習慣を身につけさせるわけですから時間がかかります。そこで**指導者が忍耐強く待てるかどうかが、考える集団に**

なれるかどうかの分岐点になります。短期間で結果を出そうと思えば、答えがわかっている人が指示を出して、その通りに動いてもらったほうが近道です。大学の場合、4年間で卒業していくわけですから、それでもいいのかもしれません。しかし、それでは、社会に出たときに困ります。**大学の監督である私の役割は、選手に陸上競技で結果を出させる以上に、人間として成長させてあげることです。**それは、卒業してからの人生のほうが、はるかに長いからです。

コーチングの段階になると、部員は自分の行動が楽しくなる

私は、1から10までをこと細かく指示していたステージ1の段階から、部員に考えさせることを意図的に組み込んできました。その比率を少しずつ上げることで、部員から意見が出る機会を増やしてきました。自分で考える習慣が十分に浸透してきたと感じ始めたのは、監督に就任して7〜8年目くらいからです。

私が部員に「これはどう思う?」「君はどうしたいの?」と質問を投げかける機会

が格段に増えました。部員たちに考える習慣がつき始めると、それぞれが考えるだけではなく、学年を飛び越えて自主的に話し合いをするようになります。**考えるという行動は縦のつながりも横のつながりも生み出します。**営業マンが宣伝部や人事部といった他部署に社内ネゴシエーションをするのにも似ています。

この状態になって、ようやく部員の自主性を重んじるステージに移行することができます。**私が前面に出ないようになると、部員は自発的な行動が多くなります。自発的にやるわけですから、規則正しい生活も練習も楽しくなります。**誰からも指示や束縛されることなく自分で決めて動くわけですから、楽しくないわけがありません。最終的に、部員それぞれが自分のやるべきこと、チームとして実現することに向かって自分から動き出す。その行動を監督である私は遠くから見守る。だからこそ、ちょっとした変化にも気づけるので、なにかがあったときには素早く対処できる。

チームとしてそこまで成長できれば、私が監督から退いても青学陸上競技部の強さは変わらないはずです。

「顔つき」「しぐさ」で使う選手、使えない選手がわかる

12

選手の状態は、紙の上の数値だけではわからない

人材育成以外に、結果を出すことも監督の仕事です。それは、部員が大会で好成績を収めることです。土壌づくりが終わった後は、ひたすら結果を出していくことが組織強化につながります。結果が出なければ、組織内に現状に対する疑念が生まれてくるからです。

野球やサッカーのように試合中に指示を出せない競技である駅伝の場合、監督はどの選手をどの区間に走らせるかを決めるのが大きな仕事になります。

その**選考基準は、いくつかあります。**

一つが、陸上競技の絶対的な結果である**タイム**です。そして、もう一つが選手の**コンディション**。その指標にしているのは練習後の**脈拍数**です。青学の場合、最終エントリーの4日前に調整練習を行います。選手の走る姿を見る最後の練習です。調整といっても、実際はハードなトレーニングをしているのですが、ゴール後に脈拍を計り

ます。脈拍数が少ないほうが、余裕のある証しです。

選択基準には、選手が走る姿を見たときに私が感じとったことも付加します。ゴールした選手はさまざまな表情を浮かべます。すべてを出し切ったように立ち止まって、息を切らす選手はいっぱいいっぱいの状態に映ります。逆にゴール後も余裕の表情ですぐにクールダウンに移る選手からは状態の良さを感じます。どちらがいいというわけではないのですが、そこで感じた印象も選択基準になります。ハードな練習をした翌日の朝の動きもチェックします。ウォーミングアップから体にキレがあるのか、体が重そうに見えるのか。それは、そのまま選手のメンタルを表しています。

こうしたさまざまな要素から最終メンバーを選んでいます。**選手を数字だけで選んでしまうと、結果が出ないことがよくあるのです。**

やってくれるだろうは、〝だろう〟という期待だけで終わる

もちろん、タイムを優先して選ぶ監督もいます。スポーツの世界では、過去の成績、

積み上げてきた実績から、調子を落としていてもメンバーに選ばれる選手もいます。レースによっては、その豊かな経験が生きることがあるのも事実です。しかし、その判断でつまずく監督はたくさんいます。

やはり、過去の実績は、あくまでも過去の話。その実績だけを見て、今を見ずに「こいつならやってくれるだろう」と信頼してしまいがちです。しかし私は、やってくれるだろうは〝だろう〟で終わる、と思っています。どんなに過去、結果を出していても、現時点で故障明けのような状態では能力は発揮されません。特に**箱根駅伝のようなレベルの高い大会では、過去の実績だけで選ばれた選手は通用しないものです。結果を出したいなら、重要視するのは過去ではなく、「今」です。**どのような過程を経て今に至っているのか、確実に調子を上げてきたのか、故障明けから無理に仕上げた状態なのか。生身の人間の状態は、数値だけではわからないのです。

だからこそ、私はギリギリまで、選手たちの今を見極めるようにしています。

怒るより、諭しなさい

13

緊張感が足りないときだけ、部員との距離を詰める

組織が成熟してくると、日々の変化を感じ取るのが監督の主な仕事になります。

走り込みでハードなトレーニングに耐える姿をとおして、部員が思った以上に強くなっているのを実感する、部員が目一杯になっていて、これ以上追い込むと故障しそうだと事前に察知する、あるいはキャプテンが全体をうまくまとめているか、4年生がリーダーシップを発揮して統制の取れた雰囲気になっているかどうかなど、陸上部全体の状況を感じ取ります。

今の青学陸上競技部では、私がチームの中心に立って、「お前ら、なにをやっとるんだ。ちゃんと追い込め」と大きな声を出すようなことはありません。

チームに緊張感が足りないと思ったときだけ、私が動きます。

例えば、グラウンドでウォーミングアップしている部員の姿に緊張感が足りないと思ったら、部員の側（そば）に近づきます。いつもは遠くで見ている監督が近づいてくるだけ

で、部員は自分たちの今の状態を察知するでしょう。部員に緊張感が足りていないことに気がついたら、私はまた部員たちから離れて遠くから見守る態勢に戻ります。しかし、**私が距離を詰めても緊張感が足りないようなら、さらに近づいていって「あー」「なんだよなあ」とつぶやきます。それで十分。**今のチームであれば、それで自分たちになにが足りないのか気づいてくれます。

成熟したチームの指導者は「遠くから」が定位置

監督就任当初は怒ることもありました。しかし、最近はそういうこともなくなりました。**チームが成熟するにつれて、部員とのコミュニケーションが密になっているので、今は怒るよりも諭す**ようにしています。

例えば、4年生がリーダーシップを発揮できずに、下級生との関係に溝ができそうなときには、「そんなことで雰囲気を悪くするようなことを言ったら、誰も信頼できないんじゃないか。上級生として、チームリーダーとして、部員は全員仲間だろ。そういう対応をリーダーがしていたら、みんな離れていくよ」と諭します。

部全体を俯瞰して見ているのが監督ですから、**言葉でじっくり諭すほうが、感情に任せて怒るよりも部員たちの心に響く**と思います。

もちろん、私も人間ですからイライラすることはあります。そういうときは、グラウンドを一周することにしています。少し間をおくのです。そうすると、ふっと気持ちが落ち着くので、それから部員たちに話しかけるのです。

かくいう私自身も、部員との距離感を自在に操れるようになってきたのは最近のことです。就任当初は、なにかあれば、膝を突き合わせるくらいまで距離を詰めて話していました。チームの土台をつくる段階ではそれでもいいのでしょうが、いつまでもその距離感では部員が私の指示を待つだけになります。上司の言うことをただハイハイと聞くだけの部下と同じです。

自主性を重んじるチームなら、監督の定位置はチームから遠く離れた場所です。そこから状況に応じて、近づいたり離れたりする。**チームが強くなればなるほど、指導者の立ち位置というのは離れていくのが自然な形**ではないでしょうか。

14

管理職の仕事は「管理することじゃない、感じることだ」

感じることは、管理職の危機管理能力である

私は強くなってきたチームの監督像を、次のように考えています。

管理するのではなくて、「感じる」のが仕事である。

例えば、朝食の時間。部員に対して、なにかを話すというわけでもなく、必ず私は食堂にいるようにしています。従来の監督であれば、食事を残さずに食べているか、静かに食べているかと部員を管理していたと思いますが、私は部員と雑談をしながら、「食堂に漂う雰囲気」がどうなのかを見ています。

チーム内になにか変わったことがあれば、雰囲気に違和感があります。それを察知して、誰に問いかけるべきか、自分自身がなにをすべきかを判断します。それが成熟したチームの指導者がやるべき仕事だと思います。

企業の管理職もそうだと思います。部下がちゃんと仕事をしているか、目標に向かって成果を挙げているか、怠けていないかは、毎日上がってくる報告書を読めばわか

ります。それをしっかりチェックしていることが管理職の仕事だと思ったら大間違いですよね。特に自主性を重んじる成熟した組織なら、そんなことは上司に言われなくても自主的にできているものです。それよりも、管理職は職場の雰囲気や部下の状態を「感じ取る」ことです。**異変を早めに察知して、事故やトラブルを未然に防ぐ。それが管理職に求められている危機管理能力**ではないでしょうか。

本気で観察しなければ、感じることはできない

管理するのではなく感じる。**そのためには、「本気で観察する」**ことです。感じるといっても、私に超能力があるわけではないので、日頃から注意深く見ていなければちょっとした異変に気づくことはできません。だから、観察することに真剣にならなければいけないのです。

チーム内になにか起きたときは、雰囲気が変わると同時に、部員にもいつもと違うところがあるはずです。それは話している内容なのか、表情なのか、しぐさなのか。

座っている場所の違いもあるでしょう。毎日観察していれば、違いに気づくはずです。

成熟したチームの監督は、遠くから選手を見ているという話をしましたが、それもまた私なりの観察法です。練習を見に来た人は、その姿を見て「監督は怠けているなあ」と思うかもしれませんし、実際にそう言われたこともありましたが、それが私の仕事なのです。

常にエンジン全開で、こちらの部員、あちらの部員と忙しく指示を出している監督は、とても働いているように見えますが、それはまだチームが成熟していないという証しです。もしくは、こと細かに指示を与えないと気が済まない監督です。上司が忙しそうに動き回っても、部下の心がさめていたら、いい職場にはなりません。

最初は1から10まで指示を出していても、**チームの成長とともに、ほかの人にできる部分はどんどん任せる。もしそれで失敗したら反省してやり直させる。**その繰り返しで、いつしか指導者は見ていることが仕事になっていく。

それが成長したチームの理想形でしょう。それを維持できるチームこそが、勝ち続けられる常勝軍団のチームだと思います。

常識を破れ！「2区はエース」ではなく「3区がエース」だ

常識を破らなければ「強い組織」にはなれない

私たちが箱根駅伝で優勝したことで、このような声を聞くようになりました。

「これからは青学みたいに明るく元気よく、笑顔でいくぞ！」

私たちは明るく元気よく、笑うことを目的にしているわけではありません。「人としてどうあるべきか」を突き詰めた先にあったのが、自然発生的に明るく元気に、笑顔でレースに立ち向かうことでした。**笑顔だから結果が出たのではなく、結果を出すために努力してきた自信から自然に笑顔になった**のです。

笑顔がこれだけ話題にされたのは、駅伝選手に笑顔のイメージがなかったからだと思います。長距離走の選手は黙々と走るというのは、先入観からつくり上げられた世間の常識です。そういう意味では、青学陸上競技部は、それまでの大学陸上部の常識破りばかりしてきました。ビジネスのノウハウをチーム運営に導入したのも、監督が神様ではない組織にしたのもそうです。もちろん、すべてが常識から離れているわけではありませんが、チームが強くなる、部員が成長するという視点に基づいて選択していったら、結果的に従来の陸上部の在り方と異なっていたというだけです。

先にもお話ししたとおり、選手の選考では、過去の成績だけにこだわらず、現状のコンディションを含めて見極めるようにしています。外部から見ると「どうしてあの選手が？」と思われることもありますが、チーム内では誰もが認める選手選考になっているはずです。

陸上界が驚くような常識破りもたびたびしてきました。

箱根駅伝の2区は昔から「花の2区」と呼ばれ、各校がこぞってエース級の選手を投入する区間です。だからといって、青学もエースを走らせるわけではありません。「花の2区」というイメージよりも、どのようなコースなのかを見るべきです。

2区は前半に平坦な道が続き、どうしてもハイペースになるため、後半の権太坂（ごんたざか）という難所にトップスピードで突っ込んでいきやすいコースです。しかし、本当の難所は権太坂を過ぎて戸塚中継所まで続く残り3キロの急勾配なのです。そのあたりで必ず全体的にペースダウンするのが2区の特徴です。

そのコースにマッチングした能力を持つ選手を配置するのが、ベストな選択です。スピードのある選手を配置すると、最後の急勾配で失速する可能性があります。その選手は2区よりも後半に平地が続く3区に配置したほうが、スピードに乗ったレースを展開できるので、120％の力を発揮する可能性が高くなります。

私がとった戦略は無謀なことではなく、客観的にコースを分析したうえでの結論です。2区のコースに適したタイプがエースなら、迷わずエースを投入します。しかし、**エースだからといって適性が低ければ、「花の2区」でエースを走らせる必要はありません。**うちは「3区がエース」でもいいのです。

このように、**私がしてきたことは、すべてどうしたら強くなれるか、勝てるか、部員を育ててあげられるか、という視点で選択してきたこと**です。それが、常識であるかどうか以前に、勝つために必要だからしてきたことなのです。**「今まではこうしてきた」とか、「前例がない」というのは、考えること、工夫することを放棄した人が使う言葉だと思います。**

第2章
伸びる人材を見極める

スカウティングのポイントは粘り勝ちできる「強さ」があること

16

勝てる組織づくりは、人材採用から始まる

勝てる組織をつくるには、優秀な人材の採用が不可欠です。企業でいえば「採用」、スポーツでいえば「スカウティング」になります。ただ、この〝優秀な人材〟を見極めるのは難しい作業です。それは、人の能力は学業成績や入社試験だけでは判断できないからです。**好成績や高得点だからといって、必ずしも仕事で結果を出せる人とは限らないし、逆に成績はそれほど良くなくても、入社後に大きく成長することもあります。**

私も全国各地から選手をスカウトしていますが、高校時代の記録はそれほど優れていない子が、大学に入ってから大化けするケースを何度も見てきました。逆に、チームの中心選手として活躍してくれると期待していた選手が伸び悩んだり、挫折して退部してしまったりすることもあります。

採用する側は、優秀な人材を見極める目を磨いていく努力が必要です。

求めるのは、速さだけでなく強さ

私が人材を見極める際のポイントにしている一つが、「強さ」です。

強さとは、どんな環境にも対応できる能力です。

屋外競技である陸上は、季節や天候によってグラウンドコンディションが大きく変わってきます。また、参加人数や参加選手のタイプによってレースの流れが変わります。このような異なる条件でも常に持てる力を発揮できるかどうか。

もちろんスピードを競うスポーツですから、最低限の走力は求めます。学業成績や入社試験に合格ラインを設けるように、うちの部の場合も、５０００メートル14分40秒以内というタイムを目安にしています。

この基準と同じくらい、いやそれ以上に着目しているのが「着順」なのです。私は、この着順にこそ、その子の強さが表れると考えています。

例えば、５０００メートルを13分台で走る高校生は、超一流の素質を持っているといわれています。しかし私は、後ろの着順で13分台を出している選手には魅力を感じません。それよりも、多少タイムは悪くても、出場した大会で常に優勝、あるいは2、3位など上位に入っている選手のほうが魅力的に映ります。そういう選手のほうが、**勝負所で勝負できる**選手であり、**競り合った展開でも最後まで粘り勝ちできる**選手だからです。

この強さは、勝負においては大きな資質です。ほんのわずかな差でも、勝ちは勝ち。勝者と敗者の評価は天と地ほど違ってきます。スポーツならまだ敗者がたたえられることがありますが、ビジネスでは、負けるとすべてを失うことさえあります。そう考えるとスポーツの世界より、**ビジネスの世界でより求められる資質**かもしれません。

どこの大学でも超一流のスピードを持つ選手は欲しい素材です。しかし、それだけ獲得競争も激しくなります。だからこそ必要なのは、タイム以外のどこに着目するか。私の場合、それがいかなる状況でも勝つ「強さ」なのです。**誰が見てもわかる指標以外に、人材を見極めるポイントはあるのです。**どんな視点を持って「採用」にのぞむのか。そこを見極めるのが、採用担当者の腕の見せ所だと思います。

能力を開花させる人材は「オーラ」を放っている

伸びる選手は堂々と胸を張り、歩く姿勢が凛としている

「モノが違う」「10年に1人の逸材」……。特定の分野で際立つ成果を出す人に使われる言葉です。特に、スポーツ界ではよく聞かれる言葉ではないでしょうか。そのような選手は、試合以外でも周囲を圧倒する雰囲気を持っています。

ビジネスの現場でもそういう方はいます。例えば、**カリスマと呼ばれるトップ営業マンは、**商談やプレゼンをしている姿はもちろんですが、取引先に出向く姿勢からも**「この人はデキる」という雰囲気を醸し出しています。**

こうした雰囲気は築き上げたキャリアから生まれるものもありますが、新人の頃から持ち合わせている人もいます。実はそこも、人材を見極めるポイントの一つです。

私は高校生をスカウトする際、タイムや着順などで20人ほどに絞り込みますが、そこから先は、自分の目で彼らの走る姿を見て決めるようにしています。**将来活躍が期待できる素材は、その段階から他の選手とは異なる雰囲気を持っているのです。**

例えば、ある陸上大会の５０００メートル決勝を視察するとします。選手は会場までスタッフに誘導されてきますが、彼らの周りにはコーチなどの関係者も付き添っているので、視察すべき選手は誰なのかわかりづらい状況です。しかし、期待できる選手はすぐに見つかります。

すぐに見つかるのは、その選手だけ「光って見える」からです。**オーラを放つ選手はとにかく歩く姿勢がいいですし、胸を張り堂々としています。**さらに、走り方にも、頭のてっぺんからつま先まで淀みなく流れる川のように滑らかな連動性があります。**こうした身のこなしや姿勢は、まさにカリスマ営業マンと同じ**です。

伸びる人材は、その他大勢に埋もれない

青学の選手を例にあげると、優勝した２０１５年の箱根駅伝で１区を走った久保田(くぼた)和真(かずま)。彼の走りを初めて見たのは、九州学院高校（熊本県）の１年生のときです。体が上下に揺れることがほとんどなく、スーッと滑らかな動きで走っていました。高校

1年生といえば、まだ体が出来上がっていないために走る姿にぐらぐらとした揺れを感じるものですが、久保田にはその揺れが見受けられませんでした。

新・山の神として注目を集めた神野大地も、出会った頃から私を惹きつけるオーラを感じた選手の一人です。

2010年の夏、青学が合宿を行っていた長野県の菅平高原で、神野が通っていた中京大学中京高校も合宿をしていました。たまたま私が足を運んだクロスカントリーのコースで走っていた中学生や高校生の中に、ぴょんぴょんと軽やかに飛び跳ねながら走るウサギのような少年に目が留まりました。それが神野でした。大勢の中で彼だけが浮かび上がるような輝きを放っていたのです。当時の神野は身長161センチ、体重38キロ。見るからに華奢な少年でした。しかも、そのコースには神野よりも速いランナーが3、4人はいたはずです。それでも、私は神野に目を奪われてしまいました。

もし入社希望者の面接を担当する機会があるなら、面接前の姿にも目を配ってみることです。**将来有望な人材は、控え室にいる段階からオーラを放っているはずです。**

自分のことを自慢しなさい

伸びる人材は、自分の言葉を持っている

私は人材を見極めるときに、自分の言葉を持っているかどうかをとても重視しています。それは、自分の言葉を持っている子は、自分が考えていることや思いを私にしっかり伝えられるからです。それが、その子にあった練習法を考える材料になり、潜在能力を最大限に伸ばすことにつながります。逆に自分の言葉で表現できない子は、どんなに素質があっても伸び悩んでしまうことになります。

その点、先述した久保田和真や神野大地は、自分の言葉を持っています。オーラを放つ子は、自分の言葉を持っているということです。二人の表現力は今すぐに社会人として世に送り出しても、企業で活躍するビジネスマンに引けを取らないと私は思います。

例えば神野は、箱根駅伝の5区を意識して練習を始めた頃、私に「坂道は苦手だった」と言いました。続けて、その山登りが延々と続く5区を克服する走りについて解

説を始めたのです。

「5区のようなコースの場合は、坂が得意かどうかよりも、我慢強さが最大のポイントになると思います。僕だったら、ハイペースで走ることはできなくても、自分のペースを維持して我慢強く登っていくことができます。そういう走りをするうえで、体重が軽いのは有利です」

目の前にある課題を的確に分析して、自分にはなにができるかをシンプルに言葉にする。誰にでもできることではありません。

好きなことなら、自分の言葉で語れる

高校生に神野のような表現を求めることはありませんが、「自分の言葉を持っているかどうか」の確認はします。

そのときに私がよくする質問の一つが、「自分を自慢してもらえませんか?」というものです。

自慢話なら、嫌なこと、苦手なことを話すよりもスラスラと話せるはずです。陸上

競技の話はもちろん、アニメ、アイドル、音楽、ゲーム、ファッション、なんでもかまいません。この質問にどう答えるかで、私は自分の言葉を持っている子か、そうでないかを判断するようにしています。

最近、高校生が話す話題で増えてきたのが、2020年の東京オリンピックです。

「僕は長い距離を走るのが得意なので、1500、5000メートルの中長距離を伸ばしていきたいと考えています。自分のスピードを生かして箱根駅伝を走り、そして東京オリンピックの舞台に立ちたいです」

こう語ってくれたら、私の中では合格です。

ただし、私の高校生への質問は、会社の採用面接では残念ながらそれほど役には立たないかもしれません。というのは、就職活動の面接対策で何度もシミュレーションしている学生がほとんどだからです。しかし、それでも**なにかを見つけようとするなら、使い古されたマニュアルどおりの言葉ではなく、自分の頭で考えた自分の言葉で話しているかどうか。**そこに、少しでもオリジナリティを感じられるものがあれば、他の学生よりも期待できる人材です。

「体育会流の『ハイッ!』といい返事」をする人間は伸びない

19

勝負する相手は監督ではない

スカウティングで全国の高校を回っていると、こちらの問いかけに「ハイッ！」と明るく元気に返事をする選手が多いことに気づきます。

「頑張っている？」と聞いても、「ハイッ！」。

「調子よさそうだね？」と聞いても、「ハイッ！」。

私の話をなにも聞いていないのか、元気に明るく「ハイッ！」と言っておけばいいと思っているのか、とにかく「ハイッ！」で終わる選手が目につきます。素直だし、印象も悪くありませんが、残念ながら期待できる人材とはいえません。少なくとも、このようなタイプはうちの部では芽が出ないでしょう。

一般的に監督の言うことになんでも「ハイッ！」と答える学生は、素直で真面目ないい子だといわれます。しかし、私はそういう子にぜんぜん魅力を感じません。いい子だとも思いません。

もちろん、なかには頭の中でいろいろと考えをめぐらせる子もいるでしょうが、自分でなにも考えていない子が多いように思うからです。

そういう子は、監督の指示どおりにやってさえいればいいと思っているのでしょう。しかし、その最大の弊害は、練習のときも試合のときも、監督を意識するようになることです。指示どおりに走れているかどうかを確認するレベルならまだしも、**監督の顔色をうかがうようになったら最悪です。縮こまってしまって、自分のパフォーマンスを発揮するどころではなくなります。**勝負するのはあくまでも競争している相手であって、監督であってはならないのです。

人の指示を待たずに、動いてみる、考えてみる

ビジネスの現場では、そんな返事のいい「体育会系」の学生が人気の時代がありました。たしかに、上司の指示どおりにてきぱきと動いてくれる新人は気持ちがいいものです。あれこれ理屈をこねる社員と比べると、応援したくなるし、仕事を教えたく

もなります。しかし、それが許されるのは入社して1、2年目くらいまでのこと。**部下を持つ立場になると、上司の指示を待っているだけでは仕事が回らなくなります。**

さらに最近は、どんな仕事にも創造性が求められるように、「こういう企画はどうですか?」「今回はこの業界から営業をかけてみましょう」と、新人といえども自分からアイデアを出せる社員のほうが高く評価されるようになっています。

逆に、返事はいいけれど、ミーティングや会議の席で意見を言えない社員は、低い評価になります。

今は、人の指示を待たずに動ける、考えられる人材が伸びる時代です。「監督はそうおっしゃいますが、来週のことを考えるとこちらの練習のほうがいいと思います」と意見するくらい、少しやんちゃな性格のほうが私はいいと思っています。

もちろん、それは監督や上司の言葉にまったく耳を貸さず、好き勝手に振る舞うということではありません。与えられた条件や状況を考えて、自分なりにアレンジできる柔軟な思考を持つということです。そして、その考えを相手にしっかり伝える力をもつということです。

「チャラい」は最高のほめ言葉である

20

組織のカラーに合わない人材は、能力発揮に時間がかかる

人材の見極めに関して、私はもう一つ意識していることがあります。それは、青学陸上競技部の文化や環境、言い換えると青学カラーに合わない人材は採用しないことです。私は、**どんなに超一流の素質を持っていても、チームカラーに合わなければとらない**覚悟を持っています。特に短期的に結果を求められる組織では、そうするべきだと考えます。

なぜなら、その人材を環境に適合させる時間が必要だからです。例えば、最初から青学カラーに合う選手をスカウトしておけば、入部と同時に走力強化に集中できます。大学での競技生活はわずか4年間。環境に適合させる時間は無駄であり、その選手もチームも本来の力を発揮できずに終わる可能性があります。**せっかくの優秀な人材が、環境に合わないだけで能力を発揮できないのは不幸と言わざるをえません。**

そのため、私は、スカウトする選手を絞り込む段階で選手自身と面談したり、情報

を細かく入手したりすることを大事にしています。

実業団志望なのか、大学志望なのか。関東志望なのか、関西志望なのか。箱根駅伝を目指すのか、違う大会でもいいのか。中長距離をやりたいのか、将来的にマラソンをやりたいのか。さらには、勉強ができるのかできないのか、理系なのか文系なのかも調査を進めます。

陸上競技以外の情報を集めるのは、目標は箱根駅伝優勝であっても、学生としての本分である勉強も疎かにはさせないためです。これも青学カラーの一つです。

伸びる子は真面目でチャラいこともできる

青学のカラーをもう一つ挙げるとすると、華やかさでしょうか。少しくだけた言葉で言うと、「チャラい」。2015年の箱根駅伝で往路優勝を飾ったとき、神野大地がインタビューでこんなジョークを飛ばしました。

「スタート前、選手の招集でスタッフの方に『じんの』と呼ばれましたが、これで

『かみの』と覚えてもらったんじゃないでしょうか」

どんなときでも笑いを取ろうとする、青学のチームカラーが出た瞬間です。このコメントを聞いて、「陸上選手がチャラチャラしたことを言って」と言う方もいます。

しかし、私は選手たちに「チャラいは、最高のほめ言葉」だと伝えています。

普段からチャラチャラしている人にはほめ言葉になりませんが、青学の陸上競技部の選手は普段、練習も勉強も真面目に取り組んでいます。そういう学生が神野のようなジョークを飛ばせるというのは、表現力が豊かということです。

勉強で思い出すのは、以前、青学の安藤孝四郎（あんどうこうしろう）前理事長に伺ったこんなエピソードです。

毎年12月に青学では、青山キャンパスで箱根駅伝に向けて陸上競技部の壮行会が開かれます。応援団やチアリーディング部が出演し、たくさんの学生が集まる大々的な行事です。

それなのに、肝心の陸上競技部の箱根を走るレギュラーの部員が、6、7人しか出席していないのです。なんなんだこれはと思って職員に事情を聞くと、「他の部員は授業に出ています」という答えだったと。壮行会は、青山キャンパスで行われるので、相模原キャンパスで授業に出席している部員は移動に約1時間を要するので参加できないのです。それを聞いた安藤前理事長は、「授業を休んで出席しなさい、と言わない原監督も、授業に出ている部員も素晴らしい。文武両道の青学らしい」とおっしゃったそうです。

しかし、これは青学陸上競技部にとっては、当たり前のことなのです。陸上もやり、勉強もやり、だからこそ、「チャラい青学」もできるのだと思います。

やるべきことをやりながら、チャラいこともできる。それはとてもいいことではないかと私は考えるのです。なぜなら、その選手が伸び伸びと自分を発揮しているということですから。

その組織、チームのカラーに合うかどうか。

それは徐々に慣れていくものではなく、できることなら最初から適合する人材を採用するべきだと思います。そのほうが、才能を潰すことなく、早い段階から戦力にできるはずです。

本当に採りたいなら、ビジョンを理屈と情熱で伝えろ

21

口説き文句に、リアリティはあるか

組織にとって欲しい人材像が明確になっても、必ずしも欲しい人材がとれるとは限りません。そこが採用の難しいところです。当然ながら、優秀な人材になればなるほど獲得競争は激しくなります。そうなると、力がある組織や人気のある組織が有利になります。

私自身も、その厳しさを身をもって知りました。私が監督就任時の青学陸上競技部は、箱根駅伝に出場することさえ難しいチームでした。そんなチームに喜んで入部を希望する高校生などいません。毎年、大手企業を相手に競争している中小企業のようなものでした。どうしても入部してほしい選手に断られたことは何度もあります。

そういう状況のときから**私が意識してきたことは、いかに説得力のある言葉で相手を口説くかということでした。**そのポイントは、こちらが目指すゴールにリアリティがあるかどうかということです。

私が監督に就任したばかりのチームの状態で、「箱根駅伝、優勝だ！」「箱根から世界を目指そう！」と言ったところで、28年間も出場できていないわけですから説得力は微塵もありません。当時、スカウトの現場でも、強化部1期生の選手を集めたミーティングでも話していたのは以下のようなことでした。

「目指すのは箱根駅伝出場だが、実現できないかもしれない。しかし、私は10年で優勝を狙えるチームを必ずつくる。そのための礎になってくれ。優勝したときには必ず君たちの頑張りを伝えていく。この一歩がなければ優勝できなかったと」

嘘いつわりのない現実と将来のビジョンを本気で伝えられれば、この人は本当にやるんじゃないかという印象を相手に与えられるものです。だからこそ、かつての選手たちは弱いチームに入部してくれたわけだし、本気で箱根駅伝出場を目指して頑張ってくれたのだと思っています。

組織が少しずつ強くなり、目指すゴールが変わってきたら、とりたい人材に対するアプローチの仕方を変えていくのが効果的です。

青学陸上競技部のゴールも、箱根駅伝出場からシード権獲得、シード権常連、箱根駅伝優勝とステップアップしてきました。それと同時に「一緒にシード権を獲ろう」という直接的なものではなく、「私と一緒に、箱根駅伝の勢力図を変えよう」と将来的な広がりを感じさせる言葉に変えていきました。

手を伸ばせば簡単に届くような目標では、人の気持ちは熱くなりません。かといって、届きそうもない目標を掲げても意味がありません。**簡単には届かないけれど、爪先立ちになって必死に手を伸ばせば届きそうな半歩先の目標にこそ、人を動かすエネルギーが秘められている**ものです。

ビジネスの現場でも本当にとりたい人材を目の前にすると、見栄を張ってつい期待感をあおるようなことを言いたくなるのはわかります。しかし、リアリティのない話に理屈を重ねても、上滑りして将来のビジョンにも無理が生じるものです。**人の心に響かせるには、理屈と情熱がリアリティをもってバランスよく存在すること**が大切なのです。

「来てください」とお願いするな

22

採用する側も、される側も、メリットがなければならない

採用する側が絶対にやってはいけないことがあります。それは、入社後、入部後に影響を与えるような関係性をつくらないことです。

よくあるのが、優秀な人材を獲得するために、相手に対してどうしてもへりくだりがちになることです。その姿勢は良くありません。なんとか採用にたどり着けたとしても、それが遅かれ早かれ組織を壊す火種になります。**勝てる組織をつくりたいのなら「来てください」とお願いしないこと**です。私も、スカウトの現場で「ぜひ、一緒に戦いましょう」という言葉は口にしますが、いわゆるお願い営業は一切しません。

もちろん、**採用する側の「とってやる」という姿勢も良くありません。**これでは、入社した段階から、会社や上司の顔色をうかがいながら仕事をすることになります。それだけで、その子の能力発揮の妨げになってしまいます。私の場合はそもそも弱小チームからのスタートだったので、そういうことはありませんでした。

私は、一方的な「お願いします」というスタンスが後につながらないことを営業マン時代に学びました。ひたすら頭を下げて、へりくだって契約をいただく営業スタイルは、最後の手段。**私はお客様に頼りにされて、仕事以外の面でも知恵を貸し、お互いの利益になる関係をつくることが営業だと考えます。お互いにメリットがある関係を築くことが大切なのです。**ビジネス用語を使うなら、Ｗｉｎ‐Ｗｉｎ（ウイン・ウイン）の関係です。そうならなければ、売ったほうも買ったほうもハッピーになれません。

Ｗｉｎ‐Ｗｉｎの関係には、伸びしろがある

Ｗｉｎ‐Ｗｉｎの関係が監督と選手、あるいは部員間にも必要だと実感したのは、監督就任３年目に経験したスカウトの失敗があったからです。

３年契約で監督に就任した私は、３年目はどうしても結果が欲しいと焦っていました。そこで、記録優先で選手をスカウトすることに決めたのです。入部が決まったの

は持ちタイムで全国ランキングでも上位の即戦力といえる選手たちでした。これで最初の目標である箱根駅伝出場を達成できると思ったのです。

しかし、その目論見はもろくも崩れました。

お願いして来てもらった選手たちは寮則、門限を守らず、まともに練習もしなかったのです。 しかし、ずば抜けた素質を持っていたことで、他の部員は腫れ物にさわるように遠巻きに見ているしかありません。

彼らには「来てやったんだ」という思いが強かったのだろうと思います。逆に、監督のほうが「とってやった」と思ったら、選手が萎縮します。どちらの場合もうまくいきません。だから、私はスカウトする学生にはっきりと伝えています。

「私は君をとってやったと思わない。だから君も来てやったと思わないでほしい。お互いに一つの目標に向かって努力しよう。私だけが頑張るんじゃない。君だけが頑張るのでもない。私の仕事は君が頑張るのを手伝うこと。頑張らない君の首根っこを捕まえて頑張らせるようなことはしないからね」

お互いにメリットがある関係がなければ、組織も人も伸びないということです。

第3章
潜在能力を引き出す

目標を「数字」に置き換えよ

育成プランを見える化する

獲得した人材の潜在能力を最大限に引き出すには、育成プランが必要です。そのプランは具体的であるのはもちろんのこと、夢や希望が詰まっていることが大切です。

そんな育成プランが世間で話題になったのが、2012年にプロ野球・北海道日本ハムファイターズが大谷翔平(おおたにしょうへい)選手を獲得する際に提示した資料でした。

日本ハムはメジャーリーグへの挑戦を表明していた花巻東高校3年の大谷選手を強行指名。そして入団交渉の席で、球団が用意したのが『大谷翔平君 夢への道しるべ 日本スポーツにおける若年期海外進出の考察』というタイトルの30ページにおよぶ資料です。高校卒業と同時にアメリカに渡った場合と、日本のプロ野球で活躍した後にアメリカに渡った場合、どちらがメジャーリーガーとして活躍できるかを詳細に分析したレポート、そして投手と野手の二刀流育成プランが提案されたそうです。

その後、大谷選手が日本ハムに入団し、主力選手に成長したことはよく知られています。

実は私も、それと同じ頃から、育成プランをスカウティングのときに提案してきました。というのは、青学陸上競技部が箱根駅伝のシード常連校になり、優秀な人材の獲得競争で、それまでまったく相手にならなかった箱根駅伝の上位校と対等に勝負ができるようになってきたからです。どうしても欲しい人材を獲得するには、日本ハムが大谷選手に提示したような**オンリーワンの提案書はとても効果があります。**

それは、営業職を経験してきた私にとっては、得意分野でもありました。海のものとも山のものともわからない新規事業や新製品を営業先に売り込むには、会社が用意したパンフレットだけでは不十分です。「あなたのための提案です」とオンリーワンの提案書をつくって初めて、自分の事として本気で向き合ってくれるものです。

数字で表現すると、自分の成長がイメージできる

育成プランを作成するときに意識することは、目標をできるだけ具体的にし、かつ

数字に落とし込むことです。

私が提示する育成プランは、大学1～4年までの目標をA4用紙1枚にまとめます。5000メートル、1万メートル、ハーフマラソン、それぞれの目標タイムをはじめ、1年生で関東インカレの1500メートルに出場し、2年生で5000メートルに出場、そして3年のときにユニバーシアードに出場。

箱根駅伝に関しても、2年生でレギュラーをつかみ復路を走る、3年生で往路を走り、4年のときにはエース区間を走る、といったその選手に実現してほしい道筋を示します。

プランには、そうした目標だけでなく、それまでにどんな課題を克服すべきかを書き添え、目標を実現するためには努力も必要だと伝えています。

育成プランで大事なのは、組織、チームのビジョンをしっかり伝えながら、新入社員や新入部員が**自分の成長を具体的にイメージできるようにすることです。**道しるべがあると、その後の伸び方が大きく変わってくるものです。

目標には、「チーム目標」と「個人目標」がある

目標管理なくして強くはなれない

目標を設定することは、ビジネスマンにとっては日常業務の一つです。しかし、**その設定や管理の仕方によって成果は大きく違ってきます。**

まず、**目標を設定するうえで大切なのは、「組織の目標」と「個人の目標」を分けて設定することです。**組織の目標だけだと個々の目指すところが不明確になります。組織の目標の下に個人の目標があれば、個々の成長が組織強化につながるからです。私たちの場合、「チーム目標」と「個人目標」の両輪がなければ、チームを強くすることはできないということです。

青学陸上競技部のゴールは、箱根駅伝優勝です。そのためのチーム目標が1万メートル10人の平均タイムで、現状は28分40秒です。もちろん個々の選手を見ると速い人もいれば遅い人もいます。なかには自己ベストが30分の選手もいます。

では、その部員が29分30秒で走ったときに、どう判断すべきでしょうか。チーム目標から見ると、物足りないタイムです。しかし、本人は自己ベストを30秒も更新しています。個人目標がなければ、ここで自己ベストを記録した選手に「目標は28分40秒なんだから、29分30秒で喜んでもらっては困る！」という指導になります。

これでは、その選手のモチベーションが上がるわけもなく、その後の成長が期待できなくなります。それどころか、チームの足を引っ張る存在になりかねません。

ところが、個人目標を設定しておけば、「頑張ったね。来年は29分10秒を目指してみよう」という指導になります。その一言で選手の練習に対する姿勢が前向きになり、やがてチーム目標に近づいてきます。

平均タイムを下回る選手をいかに引き上げるか。それがチーム力の底上げになり、チーム全体を強くしていくことになります。

目標は書き出すことで、行動につながる

目標を管理するうえで大切なことは、設定した目標を紙に書き出すことです。書き

出すことで目標に対する意識が高くなり、行動につながるようになるからです。

この方法論を学んだのは、ハウスプラス中国住宅保証という会社で営業マンをしていた頃でした。初代社長の吉屋文雄(よしやふみお)さんは、A4の紙に目標を大きく書いて貼り出し、社員全員のモチベーションを高めていました。

「目標は1年後、中国地方で業界トップ。3年後、単年度黒字。5年後、累積赤字解消」と、まず中長期の目標を示した後に、月間の目標を書き出します。

「○月目標、戸建て住宅○棟、マンション○棟、アパート○棟……」

それだけではなく、訪問軒数○軒、消費者向けセミナー○回開催と具体的な行動計画まで落とし込んでいました。

大きな目標を達成するための組織としての数字と個人としての数字を示し、さらに、その数字をクリアするためにやるべきことを細かく書き出す。実際、青学陸上競技部では「目標管理シート」を、部員それぞれがつくっています(次のページ参照)。**それを貼り出し共有することで、メンバー全員の頭に目標が刷り込まれ、実現につながっていくのです。**

目標管理シートの書き方のポイント

キャッチコピーをつける

目標管理シートにはタイトルをつけて内外に意思表示することで、目標への意識が高くなります。

可能な限り数値化する

目標はできるだけ具体的に数字に置き換えることで、自分の行動がイメージしやすくなります。

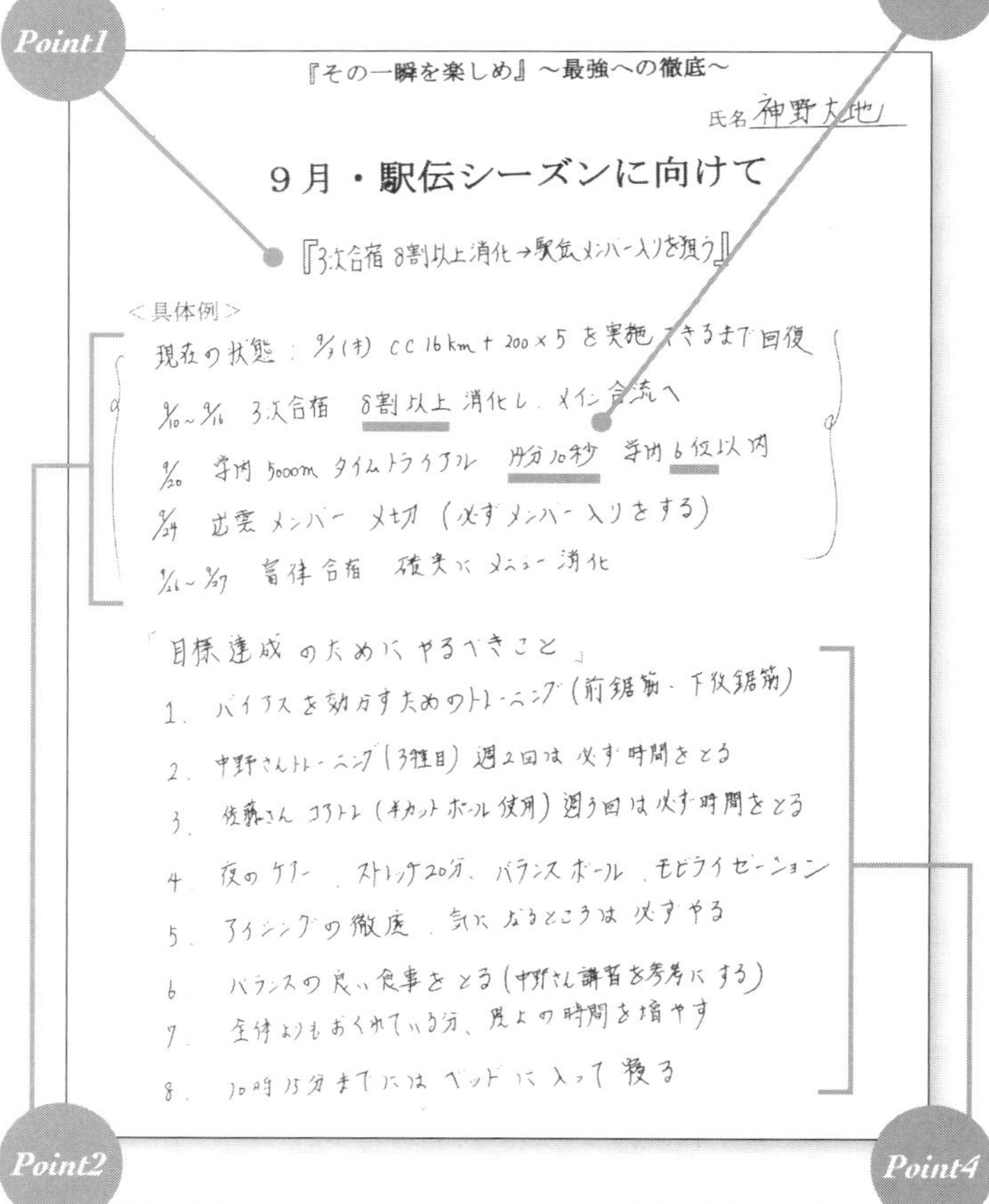

Point1

Point3

『その一瞬を楽しめ』～最強への徹底～

氏名 神野大地

9月・駅伝シーズンに向けて

『3次合宿 8割以上消化→駅伝メンバー入りを狙う』

＜具体例＞

現在の状態：9/7(木) CC 16km＋200×5を実施できるまで回復

9/10～9/16 3次合宿 8割以上消化し、メイン合流へ

9/20 学内5000mタイムトライアル 14分10秒 学内6位以内

9/24 出雲メンバー〆切（必ずメンバー入りをする）

9/26～9/27 菅平合宿 確実にメニュー消化

「目標達成のためにやるべきこと」

1. バイアスを効かすためのトレーニング（前鋸筋・下後鋸筋）
2. 中野さんトレーニング（3種目）週2回は必ず時間をとる
3. 佐藤さんコアトレ（半カットボール使用）週3回は必ず時間をとる
4. 夜のケアー、ストレッチ20分、バランスボール、モビライゼーション
5. アイシングの徹底、気になるところは必ずやる
6. バランスの良い食事をとる（中野さん講習を参考にする）
7. 全体よりもおくれている分、足上の時間を増やす
8. 10時15分までにはベッドに入って寝る

Point2

Point4

目標を設定する

目標はチームの基準に合わせるのではなく、自分の今の状態、現状の能力で設定します。

やるべきことはすべて書き出す

目標の数字をクリアするためにやるべきことを、できるだけ細かくすべて書き出します。

「柿の木作戦」でメンタルを強くせよ

目標は、半歩先を設定する

目標を設定するときに気をつけたいのは、**「目標を半歩先にする」こと**です。現状からあまりに遠過ぎるとなかなか成功体験が得られず、自信につながらないし、近過ぎるとただこなすだけになって成長につながりません。

もちろん半歩先の目標でも努力しなければ届きませんが、少し努力すれば必ず届きます。それが**どんなに小さな目標でも、達成するのはうれしいもの**です。うれしいことはもう一度味わってみたいと思うのが人間ですから、自ら次のステップへと行動するようになります。

成功体験は、成長を促す潤滑油です。だから私は、選手がどんなに小さな大会であっても優勝したら、「よくやった!」と選手と一緒になって喜びます。**小さなところからほめ続ける。その積み重ねが、箱根駅伝のような大きな大会での大爆発につながるのです。**

私は、**この半歩先の目標をクリアしていく方法を「柿の木作戦」と名づけています。**

〝半歩先〟が柿の実に手を伸ばすのに似ているからです。柿の実を取るときは、いきなり一番上の柿を取ろうとはしません。まず少し手を伸ばせば届く実から取るはずです。そして、取った実がうまいとわかれば、さらに上の実に手を伸ばす。手が届かないようであれば、工夫するでしょう。石を投げたり、棒でつついたり、通販で高枝切りバサミを買ったり。気づけば、一番上の実を取るためにどうしようかとあれこれ考えることになります。頂点を目指すなら、まずは半歩先の目標からということです。

成功体験の積み重ねがメンタルを強くする

この「柿の木作戦」は、メンタルも強くしてくれます。

スポーツの世界に限らずビジネスでも、最近はメンタルを強くすることがパフォーマンスを高める大切な要素といわれています。**私は、メンタル強化には自信を積み重ねることが近道だと考えています。**緊張したり、委縮してしまうのは、自信がないからです。この課題を克服するには、成功体験を積み重ねることです。どんな小さな成功でもかまいません。**「自分はできた」と思う機会が増えれば増えるほど、緊張することは少なくなります。**

２０１５年5月、関東インカレのハーフマラソンでうちの部の池田生成（いけだきなり）が優勝しました。実は彼は、それまでは本番にとても弱い子でした。真面目で、本番が近づくと試合前の練習から緊張するタイプです。そこで私は、彼に「彼女、できたか？」「最近、面白いことはないのか？」などと陸上に関係ない話題で緊張をほぐそうとしましたが、なかなかうまくいきませんでした。

そんな彼が本番で結果を出したのです。この優勝を引き寄せたのは、その1カ月前に行われた小さな大会での優勝でした。私はそのとき中継車から彼の走る姿を見ていましたが、実に素晴らしいフォームでした。彼は、たった1回のこの優勝で、次の大きな大会で結果を出せるほどの自信をつけたのです。

どこで素質が開花するかわからないのが育成の楽しさ。だからこそ、指導する側は、成功体験を積み重ねる機会をどんどん提供することが大切なのです。

目線は自在に上下できないといけない

余裕のない指導者は虚勢を張りたがる

指導者として意識しているのが、「目線の位置」です。**学生のレベルに合わせて目線を下げられるかどうかが、その子の能力を引き出せるかどうかの鍵**になります。

スポーツの世界でよくいわれるのが、「名選手、名監督にあらず」。これは、現役時代に活躍した選手が必ずしも優れた指導者になるとは限らないことを表す言葉です。

どうしてそういうことが起こるのかというと、監督が選手時代、天才だったことが逆に選手との間に壁をつくるためと考えられます。天才は、10のうち4ぐらいまではなにも考えずにできてしまいます。しかし、凡人は、その4まで到達するのが難しい。つまり、天才だった人には、1から4までを導くことができないのです。天才からすると「なんでできないのかがわからない」ということです。

しかし、チームにいるのは、私のような凡人がほとんどです。だからこそ、**天才だった監督は目線を下げられるかどうかが重要ですし、私のような凡人監督は、虚勢を**

張らずに1から教えられているかどうか、を常に頭に入れておく必要があります。

ところが、監督就任当初の私は、虚勢を張っているところがありました。

現役時代に、箱根駅伝やオリンピック出場という華やかな実績がなかったことでネガティブな気持ちがあり、焦りがあったのがその理由です。自分を強く見せないと選手がついてこないのでは、と必要以上に目線を上げていました。結果を優先して余裕がなかったのでしょう。当時の選手たちには悪いことをしたなと反省しています。

目線を上げることも必要である

余裕がないと、部員の細かなところまで管理しようとしてしまいます。監督就任当時は、合宿の食事中にAKB48やアニメの話題が出ると、「なにをそんなつまらんこと話してんだ」と怒っていました。

今なら「今年は誰が総選挙で1位になってセンターをとるんだ？　お前も今度のタイムトライアルで1位になってウチのセンターをとれ！」と言えます。

選手間のコミュニケーションは、彼らにとって大事なものです。それを頭から否定するのは、監督と部員との距離をわざわざ遠くするようなものです。そういう緊張関係にあると、部員は監督になにも相談できなくなってしまいます。

ただ、**一方、監督が目線を下げたままでは選手は育ちません。目線を下げるのは、選手にこちらの言いたいことを理解してもらうための第一段階。**しかし、選手と一緒に盛り上がって楽しむのは、監督の仕事ではありません。そこから目標に到達できるよう選手を引き上げるには、やはり上から指導する必要があります。

最近、親が友達や兄弟のように子どもに接する姿を目にしますが、いつまでもそのままというのはおかしな話です。**目線を下げることも大事ですが、多少厳しいことでも言うべきことはきちんと言うのが大人の務め**です。指導者として目線を下げるのは、信頼感を与えるための手法です。

そこからやるべきことは、能力を伸ばしてチーム力を押し上げる案内人の仕事です。部下とお友達になる上司は、組織に必要ありません。

「考えることが楽しい」と思える人をつくれ

27

週3日は、自分で考えた練習メニューをこなす

自分で考えられる人間になる。

これはビジネスにおいても、スポーツにおいても、個々の成長に重要な資質だと私は考えています。自分で考えられない人は上司や指導者の言うままに行動するだけで、ある程度までは成長できても、そこからさらに上に伸びることはできません。また、**自分で考えられないと、仕事そのものが楽しくなりません。**

私は、部員たちに自分で考える癖がつくように、練習をひと工夫しています。

青学陸上競技部の1週間を見ると、1日は完全オフ、残り6日間が練習日になります。そのうちの3日間は私が練習内容を決め、残り3日間は選手各自で練習内容をアレンジします。成長に差が生まれるのは、選手自身が自分で決めた練習内容を行う3日間によってです。私が決めた練習は、能力に応じた設定タイムで走る練習が多いので、それほど選手の力に差がつくことはないからです。

今の自分に適した練習にするためのポイントは、まず参加予定のレース、到達タイムなど目標に向けた流れをつくれているかどうか。それから自分の体のコンディションを把握しているかどうか。そのうえで、今日はどのくらいの距離をどの程度の負荷をかけて走るかを考えることです。「●キロ●分で走りなさい」「今日はこれだけの距離を走りなさい」と**監督がこと細かに指示を与えるよりも、選手自身が考えることでマネジメント力がつきます。**なにより、自分で考えて練習すると、走ることが楽しくなります。

ビジネスの現場でも、楽しそうに仕事をしている人たちは、誰に指示されるわけでなく、自分で考えて仕事をしているものです。

考えさせなければ、考える癖はつかない

自分で考える癖がつくと、それがパフォーマンスにつながり、結果にも表れます。すると、どんどん楽しくなっていくものです。

毎回異なる状況下で走る陸上選手には、特に大切な資質です。例えば、当日の天候、気温、風向きなどを確認して戦略を練るようになるのです。競技場ではなく一般道を走るレースであれば、事前に地図を見て高低差を確認したり、過去のデータを取るなどの分析もするはずです。要するに、自分で考えられるようになると走る準備を整えられるということです。さらに、準備ができていると、いざというときのアクシデントにも対応できるようになります。また、その大会で結果が出なくても、課題を探せるので次への対策を講じることができます。

世の中の上司や指導者には、自主性を重んじると言いながら、「あいつはなにも考えていない」と口にする人がいます。それは私から言わせると、考えていないのではなく、考えさせていないだけ。その時間を与えると、誰でも考え始めるものです。

仕事でよくあるのが、任せきれずに自分でやってしまうパターン。自分でやったほうが早いし、ミスが少なくなるのはわかります。ストレスもないでしょう。しかし、**自分で考える時間を与え、仕事を任せない限り、その部下は成長しないし、組織の力になることもありません。**管理職とはなにかを今一度考えてほしいと思います。

できない理屈を並べるな、できる理屈を考えろ

28

できる理屈を考える癖をつける

「君はどう思う？」「この課題はどうしよう？」と、**私は常日頃から部員に問いかけるようにしています。問いかけることで、部員たちは否が応でも答えを探そうとするからです。**

ただし、ここで大切なのは、「できる」を前提に考える癖をつけることです。**「できない」を前提に考えるようになると、プラスになるアイデアはなに一つ生まれてきません。**そもそも、「できない」と言うのは簡単です。そこから考えつくことは、すべて言い訳。聞いているほうも嫌になってきます。

例えば、「今日中に報告書まとめておいてね」と言ったとします。これは、ビジネスでもよくある上司からの指示です。できない理屈を考えるのは簡単なことです。「時間がありません」「ほかのことをお願いされているので……」「資料がまだ用意できていないので……」「今日は午後から予定があるので……」など、できない理由はスラスラと出てきます。

ところが、**できる理屈は真剣に考えないと出てきません。**報告書を作成する時間をどうやってつくるのか、ほかの人に協力してもらうならどうしたらいいか、午後からの予定は変更できるのかなど、視点や状況を変えて、あらゆる方面から解決するためにはどうしたらいいか知恵を絞らなければなりません。

これが、本当の意味で「考える」ということなのです。

固定観念が考える邪魔をする

「できない」と判断してしまうのは、固定観念があるからです。私は「過去はこうだったから……」という考えが大嫌いです。

もちろん、夏恒例の合宿で行うトレーニングメニューなどは毎年それほど変わらないので、過去になにをやってきたのかを参考にはします。ただ、過去にどんなトレーニングをやったからといって、今年も必ずそのトレーニングを取り入れなければいけないというものではありません。

夏の同じ時期といっても、気候は変動します。グラウンドも昨年よりたくさんの人がいて、時間によっては練習しづらい環境になる可能性があります。そして、そもそも参加する選手の顔ぶれから違います。昨年と違うトレーニングメニューになるのが、どちらかというと自然です。だからこそ過去にやってこなかったから、今年もできないと判断するのはナンセンス。工夫すればできるかもしれません。

そういうふうに頭を使うことで、毎年のように行われる合宿でさえも、1年毎に進化したものになっていきます。

また、部員それぞれが自分なりの答えを導き出そうと考えるようになると、組織やチームは強くなります。なぜなら、同じ部員でもキャプテンもいれば、マネージャーもいるし、上級生も下級生もいるからです。**それぞれの立場から、チームを強くするアイデアが出てくるのです。**どのアイデアが採用されるかはともかく、**さまざまな視点から検討され、導き出されたアイデアが悪いわけがないのです。**

チームには「平等感」が必要だ

29

選手全員が切磋琢磨した先に、エースが生まれる

チームを強くするには、エースという存在が必要です。ほかの部員はエースから強豪チームと戦える自信をもらい、少しでもエースに近づこうと努力することでチーム全体の力が上がります。ビジネスの世界でも、エースと呼ばれる営業マンやエンジニアがいることで組織が活性化し、その結果、業績アップにつながります。

そうしたチームや組織を引っ張るエースを育てるのも、指導者の役割の一つです。

では、エースを育てるにはどうすればよいか。

私はエースをつくるには、「平等感」が不可欠だと考えています。

それは、決して仲良しグループをつくろうとしているのではありません。選手が同じスタートラインから切磋琢磨できる環境を整えるということです。そこで一生懸命に努力するそれぞれの姿を通して、結果的に生まれてくるのがエースといわれる選手だと思います。そうやって出てきたエースは、部員全員に認められる存在になります。

例えば、4人の同期がいて「大学4年になったときには箱根駅伝で優勝しよう」と切磋琢磨して、その中の一人がエースと呼べる力を発揮し始めたら、他の3人は「あいつがエースだな」と認めるはずです。そういうエースが真ん中に立つチームには本当の強さがあると思います。

誰かを特別扱いすると、チームは強くならない

一方で、**指導者が最もやってはいけないのは、選手同士が切磋琢磨する前に、その時点で高い能力を持つ一人を「お前がエースだ。お前を中心にチームをつくっていく」と決めてしまうこと**です。

会社に例えるなら、入社試験の成績が最も良かった社員や有名大学卒の社員に対して、入社のときに「君は将来の幹部候補生だ」と特別扱いするようなものです。まだビジネスの現場で力を発揮してもいないその人は勘違いするでしょう。同時に、その社員の同期は「出世するのは、どうせアイツだから、努力しても意味がない」とやる

気を失ってしまいます。

エースを、チーム全体を強くする存在にするには、とにかく「平等感」です。

しかし、そこに温情をさしはさんではいけません。かくいう私もそういう気持ちになるときはたしかにあります。大学4年間頑張ってきた一人の選手を、他の選手よりもタイムが悪いにもかかわらず、大会に出そうかと考えてしまうときがあります。あるいは調子が悪くても、過去の実績で選びたくなるときもあります。ただ、そういうときに「彼は4年間頑張ってきた」「過去の実績があるから」と言われて、ほかの部員は納得できるでしょうか？　温情が湧いた選手だけが頑張っているわけではありません。その選手を選ぶことで、同じように頑張ってきた別の誰かが選ばれなくなります。一度好タイムを出しておけばその後の約束手形がもらえるということなら、同期で実績のない選手のモチベーションが上がるわけがありません。

だからこそ、**組織の中では常に平等感を前面に出すべきなのです。誰にでもチャンスがある環境こそが、チーム全体、組織全体を底上げするパワーになるのです。**

「ピーキング理論」で1年に1度しかないその日に勝て

30

コンディションを上向きにして本番を迎える

どんなに練習で自己ベストを連発しても、本番で結果を出せなければ強いとはいえません。**目標とする大会で力を発揮するには、そこに照準を合わせてベストなコンディションにもっていくトレーニングが必要になります。**そのトレーニングが、青学陸上競技部で取り入れている「ピーキング」という訓練です。

もちろんピーキングの訓練をしても、完璧な状態でレースにのぞむのは至難の業ですが、少なくともベストに近い状態でレースを迎えられるようになります。

これは、あくまでも私の感覚ですが、駅伝の場合、通常3カ月でピークにもっていくことができます。つまり、駅伝の準備は3カ月前から始めるのがいいということです。早すぎるとコンディションが下降しているときに大会を迎えることになるし、遅ければコンディションが整わない状態で大会を迎えることになります。

コンディションづくりの流れを家の建築に例えると、基礎である土台づくりの段階は長距離の走り込み、柱をつくる段階がスピード練習、屋根を上げるのが無酸素練習で、内装の仕上げが調整練習。家を柱からつくることがないように、選手の体もスピード練習からつくることはできません。**走り込みで長く走る力を蓄えて、そこからスピードに乗れる足をつくり、最後にレースの勝負所で耐えうる心肺機能を仕上げていく。**そこには、きっちりとしたプランがあります。

「ピーキング」は一発勝負に欠かせないスキル

こうしたプランに基づいて練習するからこそ、結果が出たときに、どの過程に問題があったのか検証できるし、改善することができます。

自己ベストが出たら「調子が良かった」、タイムが出なかったら「調子が悪かった」と、結果論でレースを分析していると、いつまでたっても原因を探ることができません。それだといつもと変わらない練習を繰り返すことになり、競争能力を向上させることはできても、結果は運任せ。これでは、たまたま勝つことはあっても、勝ち続けるチームにはなれません。それは個人単位でも同じです。練習でタイムを縮めることは可能ですし、たまたま勝てるときもあるでしょうが、続けて能力を発揮することは難しいのです。

ビジネスにおいても同じです。結果が良ければラッキーだった、うまくいかなければ運が悪かった、では常勝軍団にはなれません。

1992年のバルセロナオリンピックで銀メダル、1996年のアトランタオリンピックで銅メダルを獲得した、女子マラソンの有森裕子さんがあるインタビューでこう話していました。

「オリンピックは一番強い選手ではなく、4年に1度のその日に一番の調子を持ってきた人が勝つ」

箱根駅伝は1年に1度の一発勝負です。もし、リーグ戦やトーナメント戦で連戦になれば、絶対的に練習量が多いチームが有利でしょうが、一発勝負にはピーキングの訓練が絶対的に必要です。もちろん、勝つためには走力を高める練習も必要ですが、それと同じくらい本番当日に最高のコンディションに持っていくことが大切なのです。

「ピーキング」で本番当日を最高のコンディションでのぞむ!

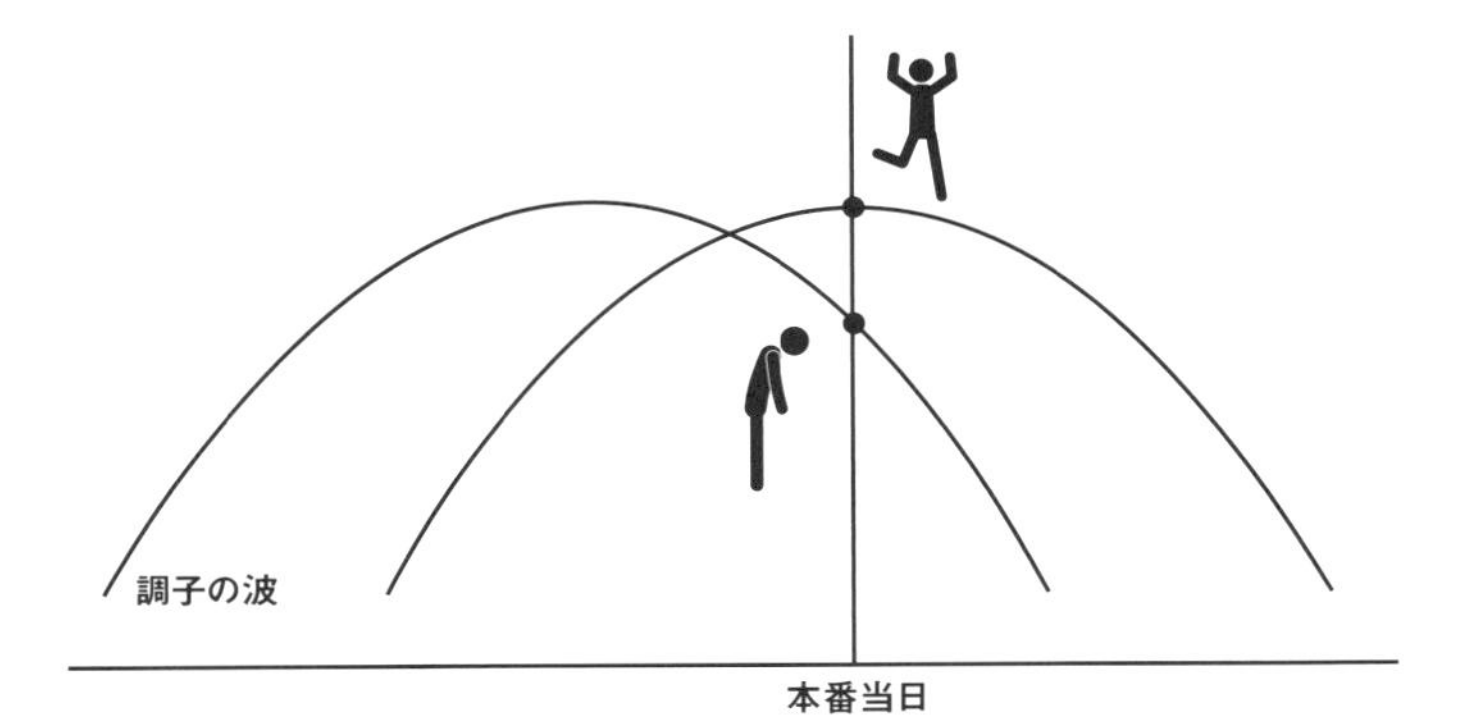

ピーキングとは、目標とする本番当日にコンディションをピークに持っていく技術です。同じ能力でも、本番当日のコンディションの違いでパフォーマンスの結果は大きく変わってきます。

	本番の迎え方	次回のパフォーマンス
ピーキングする人	本番当日にコンディションのピークが来るように、体の調子を確認しながら計画的にコンディションを上げていくことができます。	結果が良かったときは、次回も同じ好結果が期待できます。結果が悪かったときは、本番当日を迎えるまでの過程を分析し、その原因と解決策を考えることで、今回以上の結果を期待できます。
ピーキングしない人	経験値や感覚を頼りにコンディションが上がっているつもりで本番を迎えます。そこに計画性はありません。	本番を迎えるまでの計画がないため、良い結果も悪い結果も偶然に生まれたもの。原因を分析することができないので、失敗を次回に生かすことができません。

31

強いチームにいるから自分も強いと、勘違いするな

試合に出られない人のモチベーションを、どう上げるか？

チームスポーツの場合、極端に部員が少ないチームでない限り、試合に出られる人と出られない人がいます。実力の世界ですから、能力に順番がつけられるのは仕方がないことです。しかし、**チーム全体の力を底上げしていくには、こうした試合に出られない人たちのモチベーションをいかに維持するかが重要で、指導者として意識して気を配らなければいけないところです。**そこを疎かにしていると、チームの弱体化を招くことになります。

私がそうした部員に対して意識してきたことは、**面と向かって直接話をすることです。**そして、**彼らに自覚を持たせることです。**自覚とは、試合に出ることを諦めずに練習に前向きになる姿勢を保つことです。特に最近感じていたのは、２０１５年に箱根駅伝で総合優勝して、部員全員が満足しているところがあることでした。もちろん、箱根駅伝を制することができたのは、10区間を走りぬいたメンバーだけでなく、部員全員が頑張ったからです。しかし、個々に見ていくと、まだまだ満足できないはずです。出場した選手はもっとタイムを縮めたいだろうし、出場できなかった選手は箱根を走りたいだろうし、ケガをしている選手は早くケガを治して競技に参加したいはずです。

ところが、箱根を走らなかった選手ほど、どこか満足しているところがあったのです。**強いチームにいることで、自分も強いと勘違い**したのかもしれません。それでは、そこから伸びることはないし、トップ選手にぶら下がっているだけの存在になってしまいます。こうした部員が増えると、チーム力はどんどん落ちていきます。トップ選手がいなくなったときに、まったく戦えないチームになってしまいます。

それは、トップ営業マンが転職していなくなった組織のようなものです。

今の順位に満足するな

私は、そんな傍観者になりつつあった一人の部員に「お前はＡＫＢ48の一員と同じ立場なんだよ」と話しかけました。陸上界で見れば、彼は間違いなくプレーヤーです。陸上ファンではありません。「一員であるならトップを目指して頑張りなさい。君は陸上ファンじゃダメなんだよ、競技者だからね」と念を押しました。

ＡＫＢ48に総選挙で順番がつくように、青学陸上競技部でも順番がつきます。部員が50人いると、1番から50番目の人までいます。だからといって、それがその位置に甘んじてもらっては困ります。青学が箱根駅伝で優勝したからといって、その選手が強いわけではありません。一つでも上になる努力が必要です。

ＡＫＢ48のセンター、優勝チームの主力メンバー、トップ営業マンというポジションに誰でもたどり着けるわけではありませんが、今のポジションからトップを目指して少しでも上がる努力をする。それが、結果的に上のポジションにいる人たちを刺激して、チーム全体の力を上げることになります。

今の自分のポジションを理解させ、どうするべきか道筋をつけてあげることも、指導者の大きな役割なのです。

たとえ話のネタ帳を持て

陸上のことを選手がピンと来る話題に置き換える

選手たちのモチベーションをどうやって上げていくか。平易な言い方に変えるなら、選手の「やる気スイッチ」を押すのも私の仕事です。

そのために、私が意識しているのは**陸上界でよく使われる言葉、いわゆる陸上用語を使って指導するよりも、選手が興味を抱く話題にどう置き換えて、わかりやすく説明するかということです。**

そこで私は、**常日頃から世の中で起こる出来事を、陸上や選手の状況に例えられないかと考えています。**

もちろん、「なぜ、この平均タイムを目指すのか」といった明確な目標タイムや、「なぜ、今の状況で20キロ走が必要なのか」といった練習の目的は、たとえ話を使わずにストレートに伝えるほうが響きます。

しかし、それだけを話し続けても、選手は面白さを見いだせなくなってしまうと思います。また、こちらが怒っているつもりがない場合でも、堅い話ばかりではそういう印象を与えてしまいます。

気になる言葉は、携帯電話にメモをする

そこで私は、部員に対して、アニメ「ワンピース」の主人公を例に目標を言葉にすることの大切さを語ったり、ひな壇芸人を例に役割分担がチーム力につながることを語ったりします。そのほうが部員にとって身近なだけに、ピンと来るはずです。

ただ、やる気スイッチは、人によって違います。その人がどういう環境でこれまで生活してきたかでも大きく違います。また、同じ言葉でスイッチが入る人でも、伝えるタイミングによっては響かない場合もあります。

とはいえ、**その選択肢になり得る言葉は、世の中にごまんとあります。できるだけ自分のものとしてストックしておくためには、常にネタを集めておく必要があります。**

だからこそ私は、テレビのバラエティ番組、お笑い番組、報道番組、ドラマなどを観るときには、**「もしかすると指導に使えるかもしれない」というアンテナだけは張**

っておくようにしています。つまり、なにも考えずにだらだらとテレビを観ることはありません。どこに選手の能力や意識を向上させる言葉が隠れているかわからないからです。せっかく観ていたのに気づかないというのは、実にもったいない。

テレビは、携帯電話片手に観るようにしています。これは使えるという言葉を耳にした瞬間にメモ機能に書き込みたいからです。私のたとえ話のネタ帳は、携帯電話のメモ機能に収録されているというわけです。

ただ、そのネタ帳を確認したり、整理したりすることはありません。整理してしまうと、その言葉を無理して使いたくなるからです。あくまでも、その言葉は、選手のやる気を引き出すためのスイッチ。書き込むことで脳のどこかにインプットしておくだけで十分です。そうすることで、必要なときに自然と出てくるようになるものだからです。

第4章
人間力を育む

陸上だけじゃない、「人として成長できるか」が大切なんだ

33

大学生でも社会人でも、人として必要なことがある

スカウトする高校生の保護者に対して、私はこのようなことを必ず伝えます。

「お子さんをお預かりする以上は、責任を持って陸上の成績が伸びるように全力を尽くします。しかし、あくまでも生身の体で勝負するのが陸上競技です。箱根駅伝に出場して活躍できるかどうかは正直、１００％の約束はできません。ただ、**社会に出ても恥ずかしくない人として成長させることは約束します**」

大学の４年間はあっという間です。競技生活を終え卒業すると、一部の選手以外は社会人としての生活が始まります。学生を預かる身として責任を感じるのは、競技能力を高める以上に、人として成長させてあげられるかどうか。極端なことを言えば、社会に出て役に立つのは、速く走ることより、組織の中で生きるための人間性です。

人としてどうあるべきか。

これは、スポーツ選手やビジネスマンに限らず、誰にでも、人生のどの段階でも必

要なことです。ですから、「裏切るな、責任を持ってやれ、嘘をつくな、約束は守れ」と、私は部員全員に口を酸っぱくして訴えています。

人間性を磨くことは、実は競技能力を高めるうえでも大切な要素です。人間関係にストレスを抱えているようでは、前向きな気持ちで仲間と一緒に練習したり、レースを戦うことはできないからです。

社会人になっても役立つことを、陸上を通して教える

大学時代に陸上競技でどれだけいい成績を残せても、社会性がなかったら、組織の一員として仕事をすることが難しくなります。**逆に競技成績は残せなかったとしても、人として成長できればビジネスマンとして活躍することができます。**

どちらが幸せな人生か。私は後者だと思います。

それに、青学陸上競技部の卒業生たちが企業で活躍してくれれば、後輩たちの就職活動が有利になります。また、高校生のスカウティングにもいい影響を及ぼします。

卒業後のイメージができるから保護者は安心して4年間預けることができるし、本人も存分に陸上競技に没頭できるというわけです。

青学陸上競技部だからこそ身につけられるスキルは、コミュニケーション能力です。それは、うちの部は監督が絶対的な力を持つ組織ではないからです。私が下した結論は、キャプテンを通して学年長に伝えられ、学年長から同学年の仲間に伝えられます。また、部員間でのミーティングも頻繁に行われています。つまり、自分の言葉で表現したり、相手の意見に耳を傾けるというコミュニケーションの基本を身につけられる機会が多いのです。

社会人になっても役立つ能力を、陸上という競技、そして箱根駅伝というコンテンツを通して、伸ばしていくのが私の指導方針です。そうすることで、学生同士の関係性が強固になり、結果的にはチーム全体の強化にもつながります。

選手としての生活と社会人としての生活は、決して分断されたものではないのです。

「コミュニケーション力」を武器にせよ

コミュニケーションなしで、組織の中では成長しない

青学陸上競技部に入れば、コミュニケーション能力が身につくとお話ししました。長距離の選手は、従来のイメージでいうと口数が少ないのが特徴です。それは基本的に真面目な性格の人間が多いからだと思います。私は現役時代からペラペラと器用にしゃべる人間でしたが、そういった存在は珍しい部類と言っていいでしょう。

真面目さは、よく言えばストイック、悪く言えば地味。この世界ではそれまで、長距離の選手がストイックなのはいいこととされてきました。逆に、私のようなおしゃべりな人間は不真面目に見られていたと思います。**過酷な練習に真面目に黙々と取り組む姿は、たしかに素晴らしいといえます。しかし、そのストイックな姿勢を普段の生活にまで持ち込むのはどうかと私は思っています。**

青学陸上競技部の寮では、部員全員がおしゃべりをしながらにぎやかに食事しています。私と考え方が異なる指導者なら、そんな様子を見て「なんてチャラいチームな

んだ」と言うでしょう。しかし、私にとっては、黙り込んで食べる食事のどこに良さがあるのかわかりません。一方で会話のある食事は、間違いなく楽しい時間です。

このように、私は部員同士で「どんどん会話をしなさい」と言い続けています。

話をすることは、相手になにかを伝える行為です。相手になにかを伝えるには、言葉、表情、しぐさなどでどう表現するかが大切です。**このような表現力は、複数の人が集まる組織やチームの中で強力な武器になります。**なぜなら、**組織の中でコミュニケーションなく物事が進められることは、ほとんどないからです。**

コミュニケーション力が上がれば、ミーティングの質も上がる

例えば、キャプテンや、学年をまとめる学年長を選ぶ際、極力、選挙はさせません。じゃんけんで決めるなども論外です。部員数は、多くても1学年10人程度。その程度の人数であれば、話し合いで決めるべきです。それぞれの意見を出し合って本音で話し合うことで、チームの結束力も高まっていくからです。

第一章で詳しく述べましたが、目標設定や目標管理などで部員同士が頻繁にミーティングすることも大切にしています。ただ、ミーティングの内容はチーム全体のレベルによって質が変わります。ミーティングの意義を理解できていない段階で、部員だけでミーティングをしても実りはありません。

そのため、就任3年目くらいまではそれぞれのミーティングに私が入っていって、1から10まで仕切っていました。そうやって、「なぜ、それぞれの意見を言うこと、相手の意見を聞くことが大事なのか」を徹底的に教え込んできたのです。今では、私がこれらのミーティングを仕切ることはほとんどなくなりました。

コミュニケーションは単に話をするだけの場ではありません。あらゆる話題に対して自分の意見を言うことで、組織全体を活性化させるためのものです。誰の意見が正しいというのではなく、**それぞれの意見が建設的に積み重なることで、組織全体の意見に仕上がっていくと思います。**

そういう質の高いミーティングをするためにも、まずコミュニケーションをとることは楽しくていいことなんだと、理解させることが大切なのです。

規則正しい生活で「成長の核」をつくれ

陸上選手の資本は、自分の体だけである

それまで結果が出せていない、弱小の組織やチームでまずやるべきこと。それは、「自分たちの核となることを全員に徹底させる」ことです。陸上界で最も基本となる核は、規則正しい生活です。なぜなら、陸上選手はパンツとシャツ、そしてシューズを履いて身一つで走るシンプルなスポーツだからです。

疲れたからといって、頭にプロペラをつけて飛ぶわけにはいきません。走る姿勢が美しいと、芸術点が加算されてタイムが10秒縮むこともありません。ホームランなど、戦況が劇的に変わることもないスポーツです。スタートした選手は、ただゴールに向かってひたすら走るだけです。

つまり、体だけが選手の資本なのです。

ですから、いくら一流のスタッフを集めて効果的なトレーニングをしたとしても、睡眠時間が常に2時間なら、その効果はまず発揮されないでしょう。また、日頃から

暴飲暴食をしているのに、レース直前になって急に節制しても、走るスタミナがつくわけがありません。ベンツやポルシェといった高級車でも、ガソリンがなければ走らないのと同じです。

陸上選手の核は、「規則正しい生活」と「適切な栄養補給」なのです。

人として当たり前の生活をするだけで、チームは強化できる

青学陸上競技部の場合、朝5時起床、門限22時、消灯22時15分が基本です。また、朝食と夕食は栄養を管理した寮の食事をとり、寮内の自室はもちろん、食堂や廊下など共有部分は全員で掃除をします。特別な生活スタイルではありません。ただ、こうした人として当たり前の生活を定着させるのに、3～5年はかかりました。

監督就任当初は、朝の練習に遅刻する部員がたくさんいました。練習場までの800メートルさえ走らず、コンビニに立ち寄る部員がいたのも覚えています。寮を抜け出してコンビニで漫画を立ち読みしていたり、外泊したりする部員もいました。

そんな部員たちに規則正しい生活の重要性を根気強く浸透させることができたのは、それが結果につながることを私自身確信していたからです。

私が陸上の強豪校である広島の世羅高校に駅伝留学していたときです。1年先輩は1500メートル、5000メートルの高校記録保持者がいたことで全国高校駅伝の優勝候補でした。しかし、結果は惨敗。その原因は一体感のなさと乱れた生活でした。監督に駄馬軍団と言われた私たちは、そんな先輩たちを反面教師にしました。

同じ時刻に起き、みんなで練習し、食事に気を使って、同じ時間に寝る。それを繰り返していくことでチームには一体感も生まれ、そうして勝ち取ったのが全国高校駅伝での準優勝でした。能力は1年先輩のほうがはるかに上だったのに、結果は私たちが上回ったのです。

ビジネスの現場でも体はなによりの資本です。面白い企画を立案できたり、多くの人を惹きつける話術を持っていたりしても、健康でなければその力を存分に発揮できません。当たり前すぎて見過ごしがちなことですが、規則正しい生活を送るだけで、個々の能力もチーム力も格段に強化されていきます。

成長させたいなら、見守りなさい

大事なポイントをおさえて、あとは自由にさせる

「規則正しい生活を送りなさい」と指導する相手は子どもではなく、社会人一歩手前の大学生。**生活改善がなぜ必要なのか、選手がその理由を理解するまでは口うるさく言いますが、生活を束縛するようなことはしません。**

例えばA君に毎日、いつどこでなにをしたかと日報を書かせたうえ、「お前、この空いていた時間にどこでなにをやっていたんだ」と怒るようなことはしません。門限の前に部屋の前に整列させて、点呼を取るようなこともしません。仮に束縛したとしてもルールを破る部員は必ず出てくるし、破らない部員は厳しくしなくても守ります。

要は、規則正しい生活の目的を自覚できるかどうかの問題です。それが、自分の成長につながると気づいた部員は、誰に言われなくても規則正しい生活を送るようになります。4、5年前からは門限を破って、深夜や明け方にこっそり帰ってくる部員の姿を見かけなくなりました。

世の中には勤務時間中、携帯電話のGPS機能で管理されているサラリーマンがいるといいます。社員がタブレットPCを開いた時間を確認する経営者もいるそうです。しかし、そこまで管理、監視されて伸び伸びと仕事ができるでしょうか？　少なくとも私だったら無理です。それこそ、上司の顔色をうかがいながら仕事をするでしょう。大事なポイントさえおさえれば、あとは本人の自覚に任せて自由にさせる。**任されている、信頼されていると思えば、管理などしなくても、自分で考えて行動するようになるものです。**

必要以上の束縛がなければ、人は正しい方向へ動く

今でこそ、こうした幅のある考え方ができるようになりましたが、監督就任当初から3、4年目の姿を振り返ると、もっといいやり方があったのではないかと思います。特に、部員との距離感がうまくとれていませんでした。今思えば、もっと部員との距離を縮めて、膝を突き合わせて話し合うべきだったと反省しています。

なかでも、一人ひとりと向き合ってあげればよかったと思うのは、監督就任したばかりの頃です。当時は、1年生だけが強化部指定でスカウトしてきた選手たちでした。つまり、1年生以外の上級生にとって、陸上部は私が監督に就任するまではただの課外活動だったのです。楽しくクラブ活動していたところに突然、私が現れて「箱根駅伝を目指すぞ」「選手の核になるのは規則正しい生活だ」と急に高い目標を掲げて説明しても、すぐに「わかりました」と気持ちを切り替えることはできなかったと思います。そんな彼らに対して、私は「理解できないヤツは知らない。辞めたければ辞めてもいい」という態度で接していました。そういう過渡期こそ個別にしっかりと向き合って、時間をかけながらこれからの方針を伝えるべきだったと今ならわかります。

今、部員に対する時間的な決め事は起床、朝の練習、朝食、午後の練習、夕食、門限、消灯、その程度です。部員同士のミーティングの時間は、自分たちで決めているようです。

組織の中で外してはいけないルールはありますが、必要以上に束縛をしなければ、成長したいという思いが強い人間は、勝手に正しい方向へ動き出すものです。

心根の悪い人間が、チームをダメにする

37

人間性を度外視したチーム編成では勝てない

前にも触れましたが、**育成だけでなく、スカウトの段階から人間性を重視すべきだ**と思い知らされたのは、監督就任3年目のことでした。1年目、2年目と思うような成績を残せなかった私は、契約最終年の3年目、人間性を度外視してタイムが良いだけの選手をスカウトすることに決めました。

そのとき、獲得するつもりだった選手の指導者からこう警告されたのです。

「原君、あんな選手をとってはいけない。部がダメになるぞ」

そこまで言われてかえって意地になってしまった私は、その選手の能力をしっかりと開花させ箱根駅伝に出てやろうと決めました。しかし、その決断は最悪の結果を生んでしまったのです。

その選手が寮に入るや否や、チーム内で抜群のタイムを出す反面、乱れた生活でチーム内をかき回したのです。しかし、実力が抜きんでているだけに、ほかの部員は遠巻きに彼を傍観するだけです。そんなチームが結果を残せるわけがなく、前年よりも成績は落ち込み、陸上部は空中分解の危機に陥ったのです。そして、しばらくしてその部員は辞めてしまいました。

ただ、この3年目があったからこそ、「表現力豊かで、勉強もしっかり取り組める心根のいい選手」という青学陸上競技部のスカウトの基準を確立できたのも事実です。**高校生の頃は少々タイムが悪くても、自分でちゃんと考えてコツコツと練習に取り組み、自分の言葉を大切にする子のほうが、大学4年間で圧倒的に伸びる**ということを知るきっかけになりました。

心根が良くて努力できる人ほどよく伸びる

企業でも抜群の成績を残す一人の営業マンが、その実績を振りかざし「俺はトップの成績を残している。だからなにも言われる筋合いはない」と、組織にまったく融合しなかったらどうなるでしょうか。

最終的に組織がぐちゃぐちゃになるのは目に見えています。そういう自分のことしか考えられない人のことを私は「心根の悪いヤツ」と表現します。それよりも、**ほかの人と協調しながら行動できる「心根のいいヤツ」をとるほうが、短期的な伸びは小さくても、長い目で見ると組織全体の力を伸ばすことにつながるのです。**

また、仮にエースが抜けたとしても、「心根のいいヤツ」が揃う組織は、考え方次第で強化できるのです。成績がいいだけで心根が悪い営業マンがいなくても、残りの心根がいい営業マンが少しずつ成績を上げれば、その分をカバーできるからです。

駅伝でも心根の悪いスーパーエースがいなくても、心根が良く真面目に練習に取り組む選手が少しずつタイムを縮めれば、合計タイムを短縮できます。例えばエースが抜けて10秒遅くなったとしても、10区あるなら、それぞれの区で1秒ずつタイムを縮めていけば、10秒のロスはカバーできます。それは決して不可能な数字ではありません。私は3年目以降、その考えを基本にしてチームを強化してきました。

組織力やチーム力を押し上げていくのは、「コツコツと努力できる心根の良い人間」だと私は強く信じています。

5050番目の人間にも、5050番目の価値がある

上から引っ張るか、下から押し上げるか

ビジネスでもスポーツでも結果に数字が伴うものは、どうしても順番がついてしまいます。全員トップ、全員優勝ということはありえません。

このように、**チームの中で序列ができてしまう場合、チーム力を強化するには、2つの方向性があります。**一つは、ついてこられない人を切り捨ててでも、結果を出す上位の人を優先的に強化していく。強いチームを目指そうとすれば、理に適った強化方針に見えます。しかし、すべてが結果だけに支配されてしまうと、チーム内の雰囲気が悪くなる危険性があります。

もう一つは、最低レベルの人に合わせて底上げしていくという手法です。全員一緒にステップアップしようとチーム内の雰囲気は良くなりますが、仲良しグループで太刀打ちできるほど甘くないのが勝負の世界です。また、下に合わせることで高いレベルの選手が伸び悩む可能性があります。

目指すところが高くなるほど、効果的なのはやはり前者に近いやり方です。なぜなら、チームを代表する選手たちの能力を伸ばそうと考えると、高いレベルで競争したほうが伸びるからです。

ただ、どちらのやり方を優先するかは、チームの成長過程によって変わってきます。例えば、私が監督に就任したばかりの頃は、部員同士のレベル差がそれほどなかったので、みんなで高い意識を持ち、みんなでチーム力を引き上げようとしていました。しかし、チームが実績を残し始めると、チームの先頭に立つエースが出現します。そのエース、またそのレベルに近い選手たちの練習を、力が落ちる選手に合わせているとエースの実力が抑え込まれてしまいます。

結論は、2つのやり方のどちらが正しいというわけではなく、チームのレベルに合わせて使い分けるのが正解です。だからこそ指導者は、チームレベルを客観的に把握しておく必要があるのです。

指導者が気をつけておきたいのは、チームが徐々に強くなり、上位レベルに合わせる練習が増えてきたときの対応です。**部員が50人いれば、当然タイムが50番目の人も**

います。このとき必要なのは、結果が出ない選手と指導者が、原因を一緒になって考えることです。50番目の選手に合わせた練習はできませんが、その練習を個別に工夫することで、その選手の走力を高めることはできます。いきなりトップは無理でも49番目、48番目になることは可能です。その姿勢を維持させることが大切なのです。

ビジネスも同様です。一気にトップセールスマンになれ、と言っても無理ですが、少し上の目標ならクリアできるはずです。

走破タイムは違っても、同じ目標に向けて、同じ思いで練習すると連帯感が生まれます。「あいつがウチのエースだよな」といわれる部員と、タイムは悪くても「あいつがいないとチームは成り立たない」といわれる部員がお互いを認め合える状況をつくることが大事です。

それぞれの存在意義を共有できるチームには、多少のトラブルでは崩れない本当の強さが宿るものです。

「短距離が得意な人間」と「長距離が得意な人間」の違いを読め

39

「真面目さとチャラさ」がある人は大きく伸びる

人にはそれぞれ性格があり、得意分野があります。その適性に合わせて配置することも、人材を組織の中で伸ばすためには大切です。

陸上選手でいえば、走力の部分での違いがあります。駅伝の選手として理想的なのは1500メートル、5000メートル、どちらでも好タイムを出せる選手です。スピード力と持久力の両方を兼ね備えているので、大学に入って強化すると右肩上がりで伸びる資質を持っています。

しかし、1500メートルのタイムだけがいい選手は、伸び悩む危険性があると私は考えています。なぜなら、このようなタイプの選手は、長距離を走るのに絶対的に必要な走り込みが苦手な選手が多いからです。

長距離選手と短距離選手では性格にも違いがあります。長距離選手はコツコツと努力する真面目さを持っていますが、短距離選手は華やかで、どちらかといえばやんちゃです。ビジネスマンでいうと、短期勝負は得意だが、長期でコツコツと目標を達成するのは苦手なタイプです。

私としては、どちらの要素もある選手が伸びるという考えなので、真面目さを持つ部員が、「チャラい」といわれる明るさを出している姿には、おおいに期待してしまうというわけです。

駅伝の「往路」と「復路」では、求められる性格が異なる

さらに、駅伝という競技に限れば、往路と復路でも適性に違いがあります。往路向きの選手は明るく元気なタイプで、復路は冷静で落ち着いているタイプ。

これは駅伝という競技の特性が関係しているのかもしれません。駅伝は基本的に往路がとても重要視されます。なぜなら、他の大学もエースをどんどん投入してスタートダッシュを目指すからです。また、往路でのタイムロスを復路で取り返すのはなかなか難しいといわれています。極端ですが、復路にエース級を5人揃えても往路を上

位でゴールしなければ苦しい展開になるはずです。

つまり、往路には絶対的なスピードを持ちながら、ガツンとハイペースで戦える選手が求められます。一方で復路は淡々とミドルスピードでタイムを刻んで、レースをまとめる走力が必要なのです。

この両タイプの選手を往路・復路に配置できたからこそ、2015年の箱根駅伝では2位を10分以上も引き離す圧倒的な勝利を手に入れることができたと思います。

営業職でも、飛び込み営業で新規開拓するのが得意な人がいます。そういう人は勢いがあるので最初はいいのですが、その後のフォローが苦手だったりします。

これも往路と復路の違いのように分けて考える必要があるのかもしれません。

新規開拓を任せる営業マンと、取引先の要望にきめ細やかに応えるフォローが得意な営業マン、このコンビが機能すれば取引先と良好な関係が築けるでしょう。このように社員の性格と職種の性質を見極めることが、個人の力を伸ばすきっかけになることもあります。

伸びる人間には「覚悟」がある

覚悟があった高校時代、覚悟が足りなかった大学時代

覚悟ができている人材は伸びる。これは、私自身の陸上生活から学んだことです。駅伝の強豪・世羅高校に進学するときの私には覚悟がありました。全国的にトップレベルの高校に自ら行こうと決めたからには、なにがなんでも結果を出さなければいけないと思っていたのです。その覚悟が途切れなかったことが、高校3年のときの全国高校駅伝での準優勝につながったのだと思います。

しかし、中京大学に進学してからの選手生活には覚悟がありませんでした。なぜなら、自分で選んで入学を決めた大学ではなかったからです。入学の理由は、高校時代の恩師から「中京大学に行きなさい」と言われたことでした。それでは練習に身が入らないのも当然です。

そういう中途半端な状態だったので、大学時代に誇れるような成績を残せませんでした。しかも、**高校時代の厳しい寮生活の反動も手伝って、大学1、2年の頃はパチ**

ンコ、コンパに明け暮れるダメな陸上部員だったのです。

創設された陸上競技部第1期生として中国電力に入社したときは、覚悟の度合いが足りなかったことを引退した後に気づきました。

当時の私は、入社するときに会社と約束したことは果たした、と思い込んでいたのです。その約束とは中国駅伝に出場する、というものでした。それほど高いレベルの目標ではなかったので、プレッシャーを感じることもありませんでした。ちなみに、中国駅伝とは現在の全国都道府県対抗男子駅伝、通称「ひろしま男子駅伝」の前身です。

私はこの目標を入社2年目で実現しました。さらに4年目のときには、元日の全日本実業団駅伝にも初出場しました。これで私は満足してしまっていたのです。自分なりに練習はするものの、飲み会やコンパに参加する日々を送るようになったのです。

そんな私の行動は陸上部スタッフから全否定され、ついに陸上部をクビになります。当時は、なぜそんな目にあうのかと怒りさえ感じましたが、今ならスタッフの気持ちがわかります。私に実業団の陸上部で走る覚悟ができていなかっただけのことです。

自分はなにをするのかが定まれば、自然に歯止めがかかる

だからこそ私は、選手たちに「覚悟」を強く求めています。

なんとしても結果を出すという強い覚悟がなければ、なかなか練習に身が入らないし、結果にもつながらないものです。なぜなら、「人は怠ける動物」だからです。

青学陸上競技部でいえば、日々の練習はわずか3時間だけです。残り21時間をどのように過ごすかで結果は大きく変わりますが、「陸上に集中しろ」と言われても、できるわけがないのが大学の4年間。彼女もつくりたい、映画やショッピングにも出かけたい。私はそれを止めるつもりはありません。

自分はなんのためにここにいるのかをはっきり認識していれば、歯止めは自然にかかるからです。陸上競技部の部員であれば、それは走ることです。そのことをいつも忘れないように、選手たちの生活拠点を寮にすることは一つの方法だと考えています。帰る場所が定まっている人は、道を踏み外さないものです。

適材適所でチーム力を上げよ

チーム全員に、それぞれ役割がある

チームはエースやキャプテンだけでは成り立ちません。キャプテンだけが先頭で大声を張り上げても動かないチームはあります。**チーム全員それぞれに役割があり、それがうまく機能することでチームは成長していくものです。**そこで、ここではキャプテン、寮長、マネージャーを、私がどのように選んでいるのかを紹介します。

まず、キャプテン。私が指名したのは、チームを軌道修正した就任4年目だけ。その年以外は部員が話し合って選んでいます。そうすることで「俺たちが選んだキャプテンだ」と支える意識、そして選んだことへの責任を持つと考えたからです。

次に、寮長。これも部員が選んでいますが、私が見るのは、マメさと気づきです。同じ掃除をするにしても、見えるところだけを掃除するのか、隅々まで掃除するかでまったく違います。もう一つ、青学ならではの寮長として付け加えるなら、寮母である私の妻との相性の良さも大切です。

そして、選手に常に寄り添う存在であるマネージャーには、明るくて前向きな性格を求めます。ほとんどのマネージャーが選手からの転向ですが、選手時代の能力、あるいは先輩後輩に関係なく物申せる人物でなければ務まりません。それができる部員は、裏方であるマネージャーになっても必ずいい働きをします。

選手時代に苦労したマネージャーは力を発揮できる

マネージャーは基本的に選手のサポート役ですが、監督側のスタッフとしての仕事もあります。それは、監督と選手のパイプ役です。ときには選手に対して厳しい言葉を伝える必要があるのです。学生スポーツなので基本は友人関係になりますが、スタッフとしては一線を引く必要があります。また、監督とのやり取りでは陸上部の選手や外部に漏らしてはいけない情報を持つ機会もあります。だからこそ、私が信頼できる人でなければマネージャーは務まりません。

マネージャーは、選手のやる気を引っ張り出さなければいけないので頼れる存在である必要もあります。選手の御用聞きで終わるようなマネージャーは存在する意味がないと思います。

そんな重要な役割だからこそ、私は選手からマネージャーになるときの条件を設けています。それは、陸上選手としてやりきることです。設定タイムを期限までにクリアできなければ裏方に回ってもらいますが、選手生活をやりきった感がない部員をマネージャーにすることはありません。やりきったけれど選手にはなれなかったという思いがあれば、マネージャーになったときに力を発揮するからです。

マネージャーは、ときに選手以上に戦わなければいけない状況にも直面します。だからこそ、結果に関係なく、「選手生活をやりきりなさい」「選手時代に苦労しなさい」と私は言います。苦労は決して無駄にはなりません。

そういう意味では、企業にあるいろいろな部署を経験するローテーション制度はとてもいいと思っています。ただし、**どこの部署でも全力で頑張って苦労してみることです。そうすると、そこでの経験が将来的に役立つ瞬間が必ず訪れるはずです。**

チームにおける役割と資質

	資質	役割
キャプテン	メンバーから「この人と1年間一緒に戦いたい」と思える人かどうか。部員にメッセージを発信できるかどうか。	チーム状態が悪いときに、チーム全体を明るく前向きな方向に導くこと。
マネージャー	明るく前向きな性格であること。選手時代の能力、先輩後輩に関係なく意見できるかどうか。	選手の心身のコンディションを整えるとともに、監督のメッセージを正しく伝えること。
寮長	マメであること、細かいことに気づけること。小さな変化に配慮し、その対応策を考えられるかどうか。	日々の生活を通して部員のコンディションを整えること。
学年長	チームの雰囲気が悪いときにも前向きな視点を与えられるかどうか。将来のキャプテン候補。	チームの方向性に沿うように学年全体を束ねること。

第5章
周囲を巻き込んで力に変える

まともなことを言い続けると、最終的に仲間は残る

42

どんなに反発を受けても、自分の信念を曲げてはいけない

青学陸上競技部の監督に就任してから10年あまり、**私は自分の信念だけは曲げずに貫いてきました。**それを理由に部員やＯＢに反発されたこともありました。それでもゴマをする、媚びを売るような態度をとったことはありません。直接、**反発してきた部員に対しては、自分が思い描くチーム、ビジョンを根気強く説明してきました。**

就任してから最初の数年を振り返ると、もう少し目線を下げて部員の話を聞き、わかりやすく説明できたかもしれないという思いはありますが、**言い続けてきたからこそ、結果が出るまでついてきてくれる仲間がいたのだと思います。**

そんな理解者を一人挙げるとすれば、就任前から私の仲間として、同志として、そして就任後は部員の寮母として、支えてくれた妻です。

彼女は常に部員それぞれが成長するためにどうすべきか、青学陸上競技部というチームのあるべき姿とはどういうものか、という視点で私や部員に接してくれます。彼

女の良さは「陸上界を知らない常識人」だということです。彼女は私に出会うまで陸上とは縁のない世界で生きてきたので、**陸上界の常識よりも世の中の常識を持って私たちにアドバイスをくれるところに有り難さを感じます。**

また、「今のタイミングでそう言うのは、早いんじゃない？」「その言い回しよりこの言い回しのほうが届くと思う」と彼女なりの視点から私たちに意見してくれます。私にとって非常に参考になる意見を持った人の一人です。

周りがみんな敵でも、味方になってくれる人がいた

就任当初に陸上競技部の部長を務めていただいた伊藤文雄（いとうふみお）先生と中西英一（なかにしえいいち）元ＯＢ会長は、私に対して反発が激しかった一部のＯＢの意見を遮断してくれました。おかげで、チームづくりの初期段階をそれほど混乱することなく進めることができたと思います。

現在の部長、内山義英（うちやまよしひで）先生は、私のいろいろな常識破りの提案をまずはしっかり受

け止めて、週に一度、濃密な意見交換をしていただいています。

伊藤先生、中西さん、内山先生、妻、4人に共通しているのは、私が監督としてやろうとしていることを本気で支えてくれたということです。これは、自分が言ってきたことがそれまでの陸上界の常識からははずれていたとしても、物事の本質からははずれていなかったからだと自負しています。しかし、なにより大切なのは、自分一人の力は限られています。周りがみんな敵、みたいな状況でも、味方になってくれる人がいる、ということです。会社でも同じですよね。**自分をわかってくれる上司や部下が一人でもいれば、つらい状況でもなんとか乗り越えていけるものです。**そうでなければ、結果が出せなかった時点で、私は監督を辞任していたと思います。

そして私を救ってくれたのは、就任4年目に4年生だった部員たちです。箱根駅伝に出場するためにどうすべきかを常に考えて、指導してきた私の思いが伝わったのか、「最後まで原監督とやりたい」という気持ちを行動で示してくれました。彼らの思いは、間違いなく青学陸上競技部が強くなるための礎になったと思います。今の青学があるのは、彼らのおかげです。

メディア露出を「栄養剤」に変えよ

43

強い組織をつくりたいなら、まず自分が先頭に立って目立て

一般消費者を相手にするビジネスでは、企業や製品の認知度が売り上げに直結します。潤沢な広告費のある企業なら、テレビやインターネットでアピールすることができますが、小さな企業や新しい企業はそこまでの余裕はありません。

そんなときにチャンスなのが、テレビや雑誌、新聞などのメディアからの取材依頼です。本業で取り上げられるべき実績を残すことが前提ですが、私は素直に受けるべきだと思います。そして、取材はできるなら組織のトップが応じるほうがいいと思っています。

だから私は、箱根駅伝に優勝してから、積極的にテレビや雑誌といったメディアに出て、青学の陸上競技部を知ってもらおうとしました。

箱根駅伝の優勝監督がテレビに出演することはよくありますが、私の場合、報道やスポーツだけでなくバラエティの分野にまで登場しました。私が、扱いやすいキャラ

クターだったからかもしれません。33年間も箱根駅伝に出場していなかったチームを率いて優勝しただけではなく、前職が営業マンだったという異色キャラ。テレビ的にもストーリーがつくりやすかったのでしょう。

もちろん、メディアに出るのは、企業とは違う目的があるからです。

一つは、青学陸上競技部の認知度がアップすることで、大学のサポートをこれまで以上に分厚くしてもらうこと、そしてスカウティング活動を有利にすることです。

そしてもう一つは、**世間から注目されることで、選手のモチベーションを上げることです。**選手には青学陸上競技部の一員であるという自覚が生まれ、結果に対する意識も高まるはずです。私だけが目立つのは最初だけ。それ以降は、選手がヒーローになる番です。そのためにも、メディア的にネタになりやすい私が、まずは目立つ必要があったのです。

人は誰かに見られると頑張れる

テレビや雑誌などのメディアにスポーツ選手が出ると、「なにを勘違いしているんだ」「調子に乗るな」と言われることがよくあります。プロスポーツ選手ならまだしも、アマチュアスポーツ選手、特に旧態依然とした陸上界では、テレビに出るだけでお叱りを受けるときもあります。しかし、私から言わせると、それは表面を見ているだけにすぎません。実は**私は、メディアをチーム強化に活用しています。**青学陸上競技部にとって、**メディア露出は栄養剤なのです。**

例えば、夏の合宿は、箱根駅伝を戦うための大切な走り込み練習の時期です。厳しい練習なので、選手は疲れ切っています。そういうときに、私はあえてメディアに声をかけるのです。頑張っている姿を取材してほしい、と。取材の記者やカメラが入ると、選手のテンションが上がり、見られているということで疲れを忘れてトレーニングに励むからです。

2015年の箱根駅伝ではありませんが、復路6区の山下りに挑んだ選手の注目度を上げる作戦を展開したこともあります。6区の山下りは道が狭いため、中継車が選手に近づくことができません。そこで、テレビカメラは区間賞を獲りそうな選手をあらかじめマークできるポジションを確保しています。そのことを知っていた私は、10月くらいから取材を受ける度に、「ウチの6区は区間賞を狙えますよ」と言い続けました。6区を走る選手にカメラが向けられるように仕向けたのです。それが功を奏して、6区の選手はカメラを向けられ、最終的には区間5位でしたが、途中までは区間1、2位のペースで走ることができました。**いつもとは違う視線を浴びるのは、人のやる気を引き出してくれるのです。**

メディア露出でメンタルを強化する

メディアに露出する効果はほかにもあります。それは、箱根駅伝のように全国中継されるような大会で緊張しなくなることです。

私もテレビ出演してわかったのですが、テレビカメラには独特の雰囲気があり、慣れていなければ緊張します。カメラなど気にならないほど集中して走り抜けられればいいのですが、一度緊張すると普段の力を発揮するのさえ難しくなります。その点、日頃からメディアに慣れておけば、カメラがまわっていてもいつもどおりに走れるはずです。

そんな大舞台で能力を発揮できれば、小さな大会で緊張することはほとんどなくなるでしょう。メディアがメンタルを鍛えてくれるのです。

私は、メディア露出を戦略にも生かしています。箱根駅伝のような大きな大会になると、どうしても結果を出したいですから、どこの大学も手の内を隠したがります。誰が、どの区を走るのか。それによって、自分のところの選手の配置や当日の戦略も変わってくるからです。しかし私は、あえてメディアに登場して、青学陸上競技部の選手を紹介します。料理のレシピを見ても、誰もがその料理を忠実に再現できるわけではないのと同じです。そのことでライバル校の監督が考えを巡らせてくれるだけで十分効果があります。

どれだけメディアに露出しても、チームを強くしたい、選手の能力を引き出したいという信念がぶれることはありません。

「キャッチフレーズ」にして伝えよ

44

キャッチフレーズで選手を鼓舞する

大会の前になるとどんな選手でも緊張してくるものです。そんな緊張をほぐし、能力を発揮できる環境をつくるのも監督の仕事です。選手に耳打ちしたり、面と向かって話をする方法もありますが、**私は選手への思いをキャッチフレーズにすることで伝えてきました。しかも、直接選手たちに伝えるのではなく、メディアをとおしてです。大々的に話題になるほうが、よりモチベーションアップにつながると考えたからです。**

例えば、2013年の箱根駅伝での、「マジンガーZ作戦」。往路が6位で終わり、トップと6分12秒差と突き放された私の苦し紛れのコメントから生まれました。狙いは、復路のアンカーである10区のエースでキャプテンだった出岐雄大（できたけひろ）（当時4年）に対するエールです。アンカーは最後の選手、アルファベットの最後の文字はZ、だからZ作戦。さらに、マジンガーZのように風に立ち向かってほしいという願いも込めました。2014年は、「S作戦」。その内容は9区、10区を走る選手が私と同じ広島県立世羅高校出身の選手だったからです。内容を聞くとたいしたことではないのですが、「マジンガーZ作戦」「S作戦」とキャッチフレーズで言われると、「青学がなにかを仕掛けてくるのか」と他のチームは考えてくれます。そして、**メディアはこうしたキャッチフレーズがあると青学に注目してくれるのです。**

キャッチフレーズには、届けたい思いを濃縮させる

２０１５年は優勝したからではありませんが、作戦も2本立てでした。２０１４年12月29日の区間エントリー後、チーム状態の良さを感じていた私はテンションが上がり、「駒澤の独走はダメよ〜ダメダメ！作戦」と称して、「1区は久保田でいく」とメディアの前で宣言しました。久保田本人は翌日のスポーツ新聞で知ったようでしたが、「監督、言っちゃったんですね」とワクワクした表情を浮かべていました。

そして、レース直前に発したのが、「ワクワク大作戦」。これは、今回の大会に対する監督としての思いを表現するものでした。何度も言いますが、駅伝の監督はレース

中にできることはほとんどありません。運営管理車のマイクをとおして、選手の後方から指示や檄を飛ばすくらいで、あとは見守るだけ。しかも、声をかけていい場所と時間は限られています。2015年の大会は優勝を狙えるほど期待感があったので、私はそんなワクワクする思いを選手たちに伝えたかったのです。

私がキャッチフレーズをつくるのも、メディア活用法の一つです。できれば、クスッと笑えるユーモアもあったほうがいい。**取り上げられて、チームや選手が盛り上がれば、それでいい。それが強さにつながるとわかっているからです。**

その流れで、一つ青学に恩返しできたことがあります。それは駅伝中継のアナウンサーに、「フレッシュグリーンの青山学院大学！」と、レース中に何度も連呼されたことです。私は青学のたすきの色を「フレッシュグリーン」と名付けましたが、そんな色は世の中には存在しません。私の造語です。緑を基調にした学校は他にもありま す。でも青学のイメージにぴったりだと思いませんか。「青学は何色ですか」と取材で聞かれて、とっさに私は「フレッシュグリーンです」と答えていたのです。「緑の青学」ではそうもいかなかったのではないでしょうか。

できないことは、外部の専門家から新しい技術を取り入れよ

45

どんな監督にも、その見識には限界がある

監督にあらゆる分野の知識があり、どんなに優秀であっても限界はあります。**強くなってきたチームをさらにもう一段階強くしようと思ったら、やはり外との交わりは不可欠です。**企業が外部のコンサルタントや税理士、あるいは顧問という形で協力を依頼するように、スポーツにおいても専門家の意見は取り入れるべきです。そんなことを声高に言っていること自体、私は陸上界において異色でした。

選手強化のためには、走るトレーニング以外にもできることはたくさんあります。例えば、青学陸上競技部に導入しているコアトレーニング。私が指導書を手にして教えることもできますが、本物の知識を部員に与えることはできません。それが栄養学だったとしても、やはり私は部員に本当の知識を与えられません。そもそも、私が指導できるのは、陸上競技と営業職で身につけたノウハウだけです。

やはり餅は餅屋。そうなると、元来、横着者の私ですから「本物を教えるなら本物

を呼ぶしかない」という考えに至ります。そうしてコアトレーニングを導入するために、外部指導者として中野（なかの）ジェームズ修一（しゅういち）さんを招へいすることにしました。

ただ、外部の指導者を招くということは、これまでとは違う考え方をチームに注入するということです。その内容によっては、部員が精神的に揺さぶられ、チームがガタガタになる危険性もあります。従来の指導者はこのマイナス要素を嫌っていたので、外部の情報を遮断して自分の思いどおりにやろうとしていたわけです。私もチームづくりの初期段階であれば、外部指導者を受け入れなかったでしょう。

外部招へいの条件は、指導理念を理解してもらえるかどうか

私が外部から指導者を招くときは、技術が本物であることは当たり前ですが、私の指導理念である「人としてどうあるべきか」とマッチングするかどうかを重視します。

具体的には求めるのは、部員の自主性を重んじる指導です。

毎日来てもらえるなら、手取り足取り1から10まで指導していただいてもいいので

すが、それは金銭的にも時間的にも不可能なことです。だとしたら、不在のときに部員が自分で考え実行できるように指導しなければなりません。私がそうだったように、コアトレーニングがどういうものなのか、なぜ必要なのか、そしてどういう効果があるのかを、簡単には答えを出さずに部員に考えさせながら理解させていく指導です。それができるかどうかが、お願いするかどうかの判断基準になります。

企業がビジネスパートナーとして外部の人材を招くときも、企業理念を理解していない人に依頼しても、組織強化にはつながらないと思います。理念を理解したうえで取り組んでもらえるなら、組織にとって有効な知識や技術が導入され、十分に生かされることになります。

企業理念を理解するという表現は難しく聞こえますが、要は「あなたのことが好き！」と言ってくれるかどうかということです。企業や監督のことを理解しようとする人なら、きっと役に立ってくれます。

いいと思うならやってみればいい。ダメと思ったら、やめればいいだけだ

46

不安だからとなにもやらなければ、ゼロである

新しい知識や手法を取り入れるとき、それが本当に正しいかどうか不安を持つのは当然です。ただ、**なにもやらなかったらゼロ。効果的かもしれないと思えば、まず導入して、突き詰めて、それでもうまくいかない場合はやめてしまえばいいのです。**

そういう意味では、コアトレーニングの導入は見切り発車的なところがありました。それまで陸上界に導入した実績がなかったので、ある意味では先駆者です。最初はそれまでの補強トレーニングとは概念自体が違うので、驚きの連続でした。

効果を感じるようになったのは、導入から半年が経った頃でした。また動的ストレッチはウォーミングアップ時に行うのですが、それまでも体を温める体操のようなことはしていました。しかし、取り組む姿勢は儀式のようもの。理由はわからないけれど、なんとなくやらなければいけないから体操しているという感じでした。私は、その体操にどんな意味があるのだろうか、とずっと疑問を感じていました。そこで導入

したのが、動的ストレッチだったのです。

私は部員たちに「これは陸上界で最先端のトレーニング。最初はわからないかもしれないが、**続けていけば効果に気づくはず。だからこそ、本気でやってほしい**」と伝え**ました。どんな効果的なトレーニングでも適当に取り組んだら効果は出ません。**その効果に気づき始めたのが、導入半年後だったというわけです。

新たな挑戦には、新たな発見がある

コアトレーニングは、インナーマッスルを鍛えるので、腕立て伏せや腹筋のようなアウターマッスルとは違って目に見える変化はありません。しかし、**続けていくと、あるとき急に子どもが補助輪なしで自転車に乗れるように、効果がわかる瞬間が訪れます。**そうなると、ランニングでも効果を感じるようになります。例えば、朝の練習のジョギング。動的ストレッチで股関節の可動域を広げることによって、今までは10のうち3程度の力で走り出していたのが、いきなり7ぐらいの力で走り出せるようになりました。また、体幹も鍛えられるので、走っているときの体のラインが乱れなくなり、故障も少なくなったと思います。青学の選手の走るフォームがきれいだ、と言われるのは、動的ストレッチの効果によるものだと思います。

また、動的ストレッチの効果が表れるようになってからは、腕立て伏せ、腹筋、腕振り1000回のような補強トレーニングをしなくなりました。そもそも陸上競技は、選手の体が自然に動くことが大切です。トレーニングで筋肉がつきすぎて動きが不自然になるようでは本末転倒。腕立て伏せで肩に筋肉をつけるのは、鎧を身につけるようなものです。筋肉が邪魔をして腕が自然に動かなくなるのです。

コアトレーニングは見切り発車的に導入しましたが、私たちが今まで常識だと思ってやってきたトレーニングのマイナス面を浮き彫りにするという、新たな発見を生むチャレンジになりました。これは成功例ですが、いいと思ってもうまくいかない場合もあります。それでもチャレンジしてみることに意味があるのです。

失敗したら元に戻せばいいだけです。いいと思ったら、まず、やってみればいいのです。その積極的な考えを持てるかどうかが大切なのだと思います。

そもそも人間は明るいほうがいい

47

ストイックさだけが、陸上選手を成長させる方法ではない

私が**人を育て、チームをつくる根底にあるのは、「そもそも人間は明るいほうがいい」ということ**です。

陸上界は暗いというか、ストイックな姿勢が好まれます。しかし、この10年あまり、うちの部員を見ていると、ストイックなのは本来の姿ではないと感じます。陸上選手は修行僧ではありません。しかし、そういう指導が正しいといわれてきました。ペラペラしゃべる明るいヤツは練習に真面目に取り組まないからいい選手ではないとされてきました。元来、話好きの私などは、その典型でいつも叱られていたのです。

しかし、会議で黙して語らずの社員はどのような評価を受けるでしょうか。そこに議題があれば、一度は自分の意見を主張すべきだというのが私の考えです。**会社でコミュニケーションが取れなければ、仕事は前に進みません。どんなにいい企画があっても、上司や取引先を説得できなければ結果につながりません。**

努力した後は、「なんとかなるさ」と楽観的に構える

青学陸上競技部で育った部員は、ただ上司の言うことをハイハイと聞くような、そんな社会人にはしたくありません。だからこそ、外部から「チャラい」と言われるようなことをあえてしています。

元々が暗い陸上界ですから、私たちの行動はメディアに取り上げられ、結果を出せば部員たちはちやほやされます。一度、その気分を味わうともう一度、と思うのが人間です。だからこそ、厳しい練習にも耐えられる。勝つか負けるかというギリギリの局面でも勝ちたいという気持ちを出せる。なぜなら、**結果を出せば、周囲から「おめでとう」と言われ、プライベートも充実するからです。**

それを実現するために、頑張った暁には部員をどんどん表舞台に出して、ご褒美を渡す。それも監督の務めだと思っています。喜ぶときは、素直に思いきり喜ぶのです。

苦しいだけが陸上ではありません。面白いことがたくさんあります。そこを目指し

て頑張っている姿は、小学生、中学生といったジュニア層にも伝わるはずです。箱根駅伝で優勝して、バラエティ番組などに出演したことで、ジュニア層に「いつか青学に入って、箱根駅伝に出場したい」と言われることも多くなりました。それだけでも、青学陸上競技部を育てたのは大成功だったなと自負しています。

そして、もう一つ。**私は何事に対しても、最後は「なんとかなるさ」と楽観的であってほしいと思います。**

私が見てきた陸上選手は本当に努力しています。自己ベストを更新しようと必死に練習しています。そこまで努力しても、レース本番で結果が出ないことは多々あります。私はそこまで努力したなら、結果は負けでも、負けだとは思いません。私が考える負けの基準は、努力しなかった負け、これだけです。

本人がやりきった結果であれば、たとえ、そのレースで負けたとしても、続きがあるはずです。だからこそ、最後はなんとかなるさの精神が大事なのです。**明るく元気に努力して、最後は「なんとかなるさ」で楽観的に構える。そうすれば、なにかに行き詰まることもなく、組織も個人も伸び続けていけるはずです。**

フツーの会社員だった僕が、青山学院大学を箱根駅伝優勝に導いた47の言葉

発行日　2015年 12月 3日　第1刷
発行日　2025年 3月 21日　第23刷

著者　原 晋

編集統括　柿内尚文
編集担当　高橋克佳
デザイン　菊池崇＋櫻井淳志（ドットスタジオ）
撮影　塔下智士
ヘアメイク　佐藤智子
編集協力　洗川俊一、洗川広二
校正　澤近朋子

営業統括　丸山敏生
営業推進　増尾友裕、綱脇愛、桐山敦子、相澤いづみ、寺内未来子
販売促進　池田孝一郎、石井耕平、熊切絵理、菊山清佳、山口瑞穂、吉村寿美子、矢橋寛子、遠藤真知子、森田真紀、氏家和佳子
プロモーション　山田美恵

編集　小林英史、栗田亘、村上芳子、大住兼正、菊地貴広、山田吉之、福田麻衣、小澤由利子
メディア開発　池田剛、中山景、中村悟志、長野太介、入江翔子、志摩晃司
管理部　早坂裕子、生越こずえ、本間美咲
発行人　坂下毅

発行所　株式会社アスコム

〒105-0003
東京都港区西新橋2-23-1　3東洋海事ビル
TEL：03-5425-6625

印刷・製本　株式会社光邦

Printed in Japan ISBN 978-4-7762-0892-1